方东流 著

论语49课

海峡出版发行集团
福建教育出版社

图书在版编目（CIP）数据

论语 49 课/方东流著. —福州：福建教育出版社，2024.4
ISBN 978-7-5334-9504-6

Ⅰ.①论…　Ⅱ.①方…　Ⅲ.①《论语》—研究　Ⅳ.①B222.25

中国国家版本馆 CIP 数据核字（2024）第 057640 号

Lunyu 49 Ke

论语 49 课

方东流　著

出版发行	福建教育出版社
	（福州市梦山路 27 号　邮编：350025　网址：www.fep.com.cn）
	编辑部电话：0591-83779615
	发行部电话：0591-83721876　87115073　010-62024258）
出 版 人	江金辉
印　　刷	福建省地质印刷厂
	（福州市金山工业区　邮编：350011）
开　　本	710 毫米×1000 毫米　1/16
印　　张	16.5
字　　数	250 千字
插　　页	1
版　　次	2024 年 4 月第 1 版　2024 年 4 月第 1 次印刷
书　　号	ISBN 978-7-5334-9504-6
定　　价	45.00 元

如发现本书印装质量问题，请向本社出版科（电话：0591-83726019）调换。

前　言

除开标点符号，整部《论语》16000余字。今天阅读，大致两种方式：一是依照通行本的编排顺序从头读到尾，二是拆开来读，揉碎了读，重组后再读。

作为"四书"之首，《论语》的重要性和价值毋庸赘述。

那么到底应该怎样面对《论语》这部书呢？私以为首先需要回答以下三个问题：

一、怎么读？

怎么读，即探究阅读《论语》的法门。最好是通过阅读《论语》，梳理、总结出阅读经典的方法，包括先读什么、后读什么、怎么切入，等等。

说得直白一点，《论语》好比孔子未写出来的教学设计，又好比孔子弟子及再传弟子的学习笔记，并由弟子（再传弟子）将大家的笔记加以整合、编辑而成。

所谓半部《论语》治天下，自然是夸张的说法。客观上讲，《论语》中的部分篇章值得反复研读，而部分篇章的阅读价值相对较小，因此选择性阅读尤显重要。

如何选择？依照什么标准选择？根据著者多年研究群文阅读的经验，私以为可依据议题重组文本，进行专题化阅读。

二、读什么？

读什么，先得摸清《论语》讲些什么，其中包含哪些主题，蕴含哪些思想，融注孔子哪些方面的主张，提供哪些有趣的生活事例。

尤其需要搞清楚的是，《论语》整张内容之网的"纲"在哪儿"领"在哪儿。

我们知道，《论语》是"孔子应答弟子、时人及弟子相与言而接闻于夫子之语也"（汉书·艺文志）。孔子为什么要讲这些话？孔子讲这些话的前提和依据是什么？孔子奔波一生到底为什么，竟把自己搞得跟个丧家狗似的（郑人或谓子贡曰："东门有人，其颡似尧，其项类皋陶，其肩类子产，然自要以下不及禹三寸，累累若丧家之狗。"子贡以实告孔子，孔子欣然笑曰："形状，末也。而谓似丧家之狗，然哉！然哉！"《史记·孔子世家》）孔子从哪里出发？想要抵达何方？

如果能够理清孔子一系列主张的关系问题、表里问题，读什么也就一目了然了。

三、怎么用？

对一般读者来讲，或者只想简单地了解一下《论语》讲了些什么，买本白话文读一读也就可以了。若能背上几句如"有朋自远方来，不亦乐乎""敏而好学，不耻下问""学而不思则罔，思而不学则殆""三人行必有我师""择其善者而从之，其不善者而改之"，那也就可以了。但要深入研读，就非得下一番工夫不可了。

首先《论语》是一本书，一个大文本，实施整本书阅读教学，自然是个不错的选择。

另外全书20篇512章，相当于512个小文本，可以将其作为群文阅读资源，开发成系统的《论语》课程。

基于此，我将通过7篇49专题重构《论语》，以此完成研读：

第一篇，借助研读《论语》相关篇章，传授阅读《论语》方法。

第二篇，破译《论语》相关知识，辨析书中疑难句式。

第三篇，探讨孔子教育思想，构建孔子思想体系。

第四篇，梳理孔子如何划分人类等级。

第五篇，绘制一个较为真实、立体的孔子形象。

第六篇，采取故事串讲的方式，为孔子最重要的12名弟子立传。

第七篇，阅读《论语》，获取相关知识和技艺。

书中《论语》原文的篇章划分及序号的编排，遵照杨伯峻先生的《论语译注》。

惟愿我能真正帮您走进《论语》，走近孔子。

目 录

第一篇　经典入门

01　文本互证 ·············· 3
02　抓关键句 ·············· 16
03　划分层次 ·············· 18
04　辨明态度 ·············· 21
05　断句标点 ·············· 25
06　综合运用 ·············· 30

第二篇　知识积累

07　赐也何如 ·············· 37
08　言必有中 ·············· 40
09　必也正名 ·············· 41
10　得而见之 ·············· 43
11　可使南面 ·············· 45
12　何有于我 ·············· 47
13　不可不知 ·············· 48
14　如有王者 ·············· 50
15　不如己者 ·············· 52
16　子谓颜渊 ·············· 53
17　何用不臧 ·············· 55

18　何以报德 ············· *57*

第三篇　思想之光
　　19　学习之道 ············· *61*
　　20　教育思想 ············· *70*
　　21　仁者爱人 ············· *79*
　　22　中和思想 ············· *88*
　　23　克己复礼 ············· *99*
　　24　思想总纲 ············· *109*

第四篇　人品高下
　　25　圣人无名 ············· *115*
　　26　仁者无忧 ············· *119*
　　27　善人有恒 ············· *123*
　　28　泛论君子 ············· *125*
　　29　君子小人 ············· *132*
　　30　士人以下 ············· *134*

第五篇　孔子画像
　　31　生活趣事 ············· *141*
　　32　个人偏好 ············· *147*
　　33　夫子自道 ············· *155*
　　34　自述一生 ············· *160*
　　35　评价他人 ············· *167*
　　36　众说孔子 ············· *174*

第六篇　圣门高徒
　　37　朽木可雕 ············· *179*
　　38　由也升堂 ············· *188*

39	阿赐贵姓	199
40	贤哉回也	209
41	冉氏三杰	216
42	文学四秀	220

第七篇　他山之石

43	取譬引喻	231
44	对比呈现	233
45	逐层推进	236
46	如何选择	239
47	充要条件	242
48	写作原理	245
49	言外之意	249

第一篇 经典入门

01　文本互证

1.1 子曰："学而时习之，不亦说乎？有朋自远方来，不亦乐乎？人不知，而不愠，不亦君子乎？"

文本互证，简而言之，就是文本之间相互佐证，例如用文本 B 证明文本 A，如果 B 能够证明 A 应该怎样理解，就叫证实；如果 B 不能够证明 A 应该怎样理解，但却能够证明 A 不应该怎样理解，就叫证伪。文本互证包括书内自证和书外引证两种途径，本课及本书主要采用书内自证，适当采用书外引证。

学而 1.1 作为《论语》开篇，经常被选入语文教材。七年级上册第三单元第 11 课"《论语》十二章"，选自中华书局 1980 年版《论语译注》，该书译注者为语言学家杨伯峻。原文、注释、译文如下：

1.1 子[1]曰："学而时[2]习[3]之，不亦说[4]乎？有朋[5]自远方来，不亦乐乎？人不知[6]，而不愠[7]，不亦君子[8]乎？"

注释：①子，《论语》"子曰"的"子"都是指孔子而言。②时，"时"字在周秦时候若作副词用，等于《孟子·梁惠王上》"斧斤以时入山林"的"以时"，"在一定的时候"或者"在适当的时候"的意思。王肃的《论语注》正是这样解释的。朱熹的《论语集注》把它解为"时常"，是用后代的词义解释古书。③习，一般人把"习"解为"温习"，但在古书中，它还有"实习""演习"的意义，如《礼记·射义》的"习礼乐""习射"。《史记·孔子世家》："孔子去曹适宋，与弟子习礼大树下。"这一"习"字，更是演习的意思。孔子所讲的功课，一般都和当时的社会生活和政治生活密切结合。像礼（包括各种仪节）、乐（音乐）、射（射箭）、御（驾车）这些，尤其非演习、实习不可。所以这"习"字以讲为实习为好。④说，音读和意义跟"悦"字相同，高兴、愉快的意思。⑤有朋，古本有作"友朋"的。旧注说："同门曰朋。"宋翔凤《朴学斋札记》说，这里的"朋"字即指"弟子"，就是《史记·孔子世家》的"故孔子不仕，退而修《诗》、《书》、礼乐，弟子弥众，至自远方"。译文用"志同道合之人"即本此义。⑥人不知，这一句，"知"下没有宾语，人家不知道什么呢？当时因为有说话的实际环境，不需要说出便可以了解，所以未给说出。这却给后人留下一个谜。有人说，这一句是接上一句说的，从远方来的朋友向我求教，我告诉他，他还不懂，我却不怨恨。这样，"人不知"是"人家不知道我所讲述的"了。这种说法我嫌牵强，所以仍照一般的解释。这一句和《宪问篇》的"君子病无能焉，不病人之不己知也"的精神相同。⑦愠（yùn），怨恨。⑧君子，《论语》的"君子"，有时指"有德者"，有时指"有位者"，这里是指"有德者"。

译文：孔子说："学了，然后按一定的时间去实习它，不也高兴吗？有志同道合的人从远处来，不也快乐吗？人家不了解我，我却不怨恨，不也是君子吗？"

教材编写者编入这一章时，重新做了注释，去掉了篇章序号"1.1"，未提供译文。教材中原文、注释如下：

子[1]曰："学而时习[2]之，不亦说乎[3]？有朋自远方来，不亦乐乎？人不知而不愠[4]，不亦君子[5]乎？"（《学而[6]》）

注释：①子，古代对男子的尊称，这里指孔子。②时习，按时温习。时，按时。③不亦说乎，不是很愉快吗？不亦……乎，常用于表示委婉的反问。说，同"悦"，愉快。④愠，生气，恼怒。⑤君子，指有才德的人。⑥学而，和下文的"为政""雍也""述而"等一样，都是《论语》的篇名。这些篇名都是从各篇第一章中摘取出来的，并没有特别的意义。（人民教育出版社2016年7月第1版《语文》P50）

对比阅读杨伯峻、教材编写者所做注释，主要有四处不同：

一是关于"时"字，杨伯峻解为"在一定的时候"或"在适当的时候"，教材编写者解为"按时"。

二是关于"习"字，杨伯峻解为"实习""演习"，教材编写者则将"习"和"时"放在一起注释，解为"按时温习"，因此"习"即"温习"。

三是关于"朋"字，杨伯峻所引材料相互抵牾，若依旧注"同门曰朋"，便是今天意义上的"同学"，若依宋翔凤《朴学斋札记》"弟子"，便是今天意义上的"学生"，另外译文又用了"志同道合之人"，便是今天意义上的"朋友"；教材编写者未对"朋"注解，殊不知其引起误读尤其严重。

四是关于"人不知"，杨伯峻注意到"知"下无宾语，采用"有人说"的"人家不知道我所讲述的"，但未纳入译文；教材编写者在这尤其容易生疑处未加注解。

虽然《语文》教材没有提供译文，但是《义务教育教科书教师教学用书·语文·七年级上册》提供了。译文如下：

孔子说："学习了，然后按时温习，不也很愉快吗？有志同道合的人从远方来，不也很快乐？人家不了解我，并不因此恼怒，不也是君子吗？"

一、学会质疑

学习的时候，尤其面对不熟悉的新知识，一定要有所质疑。《孟子·尽心下》中说："尽信《书》，不如无《书》。"

下面，我将尝试对以上理解作出质疑。

1. 学生白天上课，学习各科知识，晚上下自习后按时温习，就会感到愉悦吗？

2. 如果你们家是经过好几代人的努力，才终于搬进城市的，遇着乡下的穷亲戚穷朋友生了病，要来城里治疗，长期住在你们家里，病没治好钱却花光了，要问你们借钱救命，你们不能见死不救吧？或者不但住在你们家里，还始终保持着乡下的一些生活习惯，你们还会感到快乐吗？

3. 假如你想成为明星，登台演出，到场喝彩的人少之又少；你开微博，发朋友圈，粉丝不足一百，点赞的人一个没有。你依然能够做到不恼怒、不生气吗？

要是某个老师采用这种方式到课堂上验证，要是学生讲真话，面对以上问题，相信95%以上的学生都会说NO。那么问题也就来了：到底一代圣人、儒家学派创始人、中国古代思想家、教育家、政治学家、伦理学家孔老先生讲话不顾现实，不讲道理，完全不讲逻辑呢？还是我们可能在理解上出了偏差？

下面我将采用文本互证的方式进行研读，请大家跟我一道去揭开谜底。

二、发现问题

以下第一种译文为我所译，第二种译文为《义务教育教科书教师教学用书·语文·七年级上册》编者所译。

【一】孔子说："学到了知识能够在适当的时机加以实践（并得到印证），不是很愉悦的事情吗？同窗好友从异国他乡赶来与你切磋交流，不是很快乐的事情吗？交流过程中同学暂时没能理解你也不苦恼（依然耐心细致地讲给他听，直到他完全听明白），这不正是君子所为吗？"

【二】孔子说："学习了，然后按时温习，不也很愉快吗？有志同道合的人从远方来，不也很快乐吗？人家不了解我，并不因此恼怒，不也是君子吗？"

对比阅读两种译文，首先找出两种译文之间的差异，然后回到原文中，圈出引起这些差异的字或者词，将其统计在下表中：

原文字词	而	时	习	朋	人	不知
【一】	能够	适当的时机	实践	同窗好友	同学	没能理解
【二】	然后	按时	温习	志同道合的人	人家	不了解我

三、解决问题

根据上表，可知两种不同的理解是由"而""时""习""朋""人"和"不知"这六处引起的。结合质疑所提问题进一步对比阅读两种译文，我们还将发现：引起两种译文本质上差异的唯有"习""朋""不知"三处。"而""时""人"三处，固然也引起很大的差异，但只需辨明那三处，这三处自然也就明晰了。

找到了问题，下面就可以解决问题了。

（一）习字何解

比较阅读以下文本，找出可能表示"温习"的字或词。思考以下两个问题："习"字能否理解为"温习"？你的理由或依据是什么？

1.1 子曰："学而时习之，不亦说乎？有朋自远方来，不亦乐乎？人不知而不愠，不亦君子乎？"

1.4 曾子曰："吾日三省吾身——为人谋而不忠乎？与朋友交而不信乎？传不习乎？"

2.11 子曰："温故而知新，可以为师矣。"

17.2 子曰："性相近也，习相远也。"

只需简单阅读，便可找出这组文本中可能表示"温习"的就是"温"和"习"。另外我们知道，尽管随着时间的变化，部分汉字的字意会发生变化，然而在同一时代，汉字却具有稳定性及排他性。我们已经确定的是，2.11 中的"温"表示"温习"。那么也就是说，既然有个"温"字在春秋时期表示"温习"，也就不需要再有"习"字来表示"温习"了。

换句话说，"习"字不能解为"温习"。

那么"习"字到底何意？在古代，"习"字多作"练习""钻研""实践"讲。如：君子以朋友讲习（《易·象传》）。这在前面所引杨伯峻《论语译注》中也有所引。东汉许慎《说文解字》中"习"是"数飞也"的意思。如：习习笼中鸟，举翮触四隅（〔晋〕左思《咏史》）；鹰乃学习（《礼记·月令》）。

另外"习"字是简化字，繁体字是"習"，上面是个"羽"字，好比鸟儿的翅膀，下面是个"白"字，像个鸟巢。

换句话说，"习"字的本意是小鸟长大了，站在巢穴边上反复扇动翅膀练习飞翔。

如此一来，"学而时习之，不亦乐乎"应当译为："学到了知识能够在适当的时机加以实践（并得到印证），不是很愉悦的事情吗？"

这样理解，可否结合生活实际举例印证呢？课堂上老师可以安排学生自行举证，老师自己也可以抛砖引玉。

我小时候生活在大山里，很小就干农活，不但在自己家里干，还得到别人家里干。这叫换活。记得有一次帮别人家种土豆，我负责往地沟里放土豆瓣，一天下来，累得腰都直不起来，有挑粪的大人见我偷懒，便出了道题考我，出题之前还说这道题他们算了几十年都没能算出来。题目是这样的：一千个和尚，吃一千个馒头，大和尚一个人吃三个，小和尚三个人吃一个，问有多少个大和尚多少个小和尚。

我立马用树枝在地上算起来。我用我在学校学到的数学知识一元一次方程，先设定大和尚有 x 个，那么小和尚便有$(1000-x)$个。我列出下列算式：$3x+(1000-x)/3=1000$，很快算出 $x=250$。我说大和尚 250 个，小和尚 750 个。出题的那人开始不信，并在心里验证我的答案。我就又给他计算起来。我说，既然大和尚一个人吃三个馒头，也就是说 250 个大和尚要吃 750 个馒头；这样剩下 250 个馒头，小和尚三个人吃一个，也就是说需要 750 个小和尚才吃得完。出题那人先是点了点头，接着哈哈大笑起来，然后对我一阵猛夸，说我脑瓜子灵，还预言我将来一定能够考上大学。当时我心里那个高兴呀！简直别提了！总之早把腰酸背痛给忘到爪哇国了。

这便是"学而时习之，不亦乐乎"：我在学校学到知识，在适当的时机用于实践，并且解决了问题，以此赢得了夸奖。

要是我在学校学到知识，课后只是不断做题，温习巩固，甚至为此熬更守夜，我想我是很难感到愉悦的。

再说"不亦说乎"的"说"通《周易》中的"兑"卦，与"悦""锐"同意，表示最大程度上的愉悦，远比"不亦乐乎"的"乐"程度要深，岂是学习以后按时温习就能达到的？

（二）朋字何解

比较阅读以下文本，找出可能表示现代意义上的"朋友"的字或词，试作判断："有朋自远方来"中的"朋"能否理解为现代意义上的"朋友"，为什么？

1.1 子曰："……有朋自远方来，不亦乐乎？……"

1.4 曾子曰："……与朋友交而不信乎？……"

1.7 子夏曰："……与朋友交，言而有信。……"

1.8 子曰："……主忠信，无友不如己者。……"

2.21 ……子曰："《书》云：'孝乎惟孝，友于兄弟，施于有政。'……"

4.26 子游曰："……朋友数，斯疏矣。"

5.25 子曰："……匿怨而友其人，左丘明耻之，丘亦耻之。"

5.26 ……子路曰："愿车马衣裘与朋友共，敝之而无憾。"……子曰："老者安之，朋友信之，少者怀之。"

8.5 曾子曰："……昔者吾友尝从事于斯矣。"

9.25 子曰："主忠信，毋友不如己者。……"

10.22 朋友死，无所归……

10.23 朋友之馈……

16.4 孔子曰："益者三友，损者三友。友直，友谅，友多闻，益矣。友便辟，友善柔，友便佞，损矣。"

16.5 孔子曰："……乐多贤友，益矣。……"

19.15 子游曰："吾友张也……"

13.28 ……子曰："……朋友切切偲偲……"

12.24 曾子曰："君子以文会友，以友辅仁。"

12.23 子贡问友。……

我们发现，以上文本中的"朋"（1次）、"友"（19次）以及"朋友"（8次）都有可能表示现代意义上的"朋友"。结合前面的质疑，我们已经知道"朋"不应当理解为现代意义上的"朋友"，那么只需在"友"和"朋友"中作出选择了。凡学过晋朝辞赋家陶渊明那篇经典散文《桃花源记》的人都知道，文中"自云先世避秦时乱，率妻子邑人来此绝境，不复出焉，遂与外人间隔"一句中的"妻子"一词，相当于现在的"妻"和"子"，也就是妻子和儿女的意思。

实际上，这里的"朋友"和"妻子"一样，都属于合成词（复合词），"朋友"也就是"朋"和"友"的意思。

既然"朋友＝朋＋友"，而"朋"又不表示现代意义上的"朋友"，因此"友"才是现代意义上的"朋友"。那么"朋"字到底什么意思？整部《论语》

中，"朋"这个字单独出现仅此一处。根据相关文献，"朋"字最早见于远古时代的象形文字甲骨文，在青铜器铭文中常常可以见到"贝五朋"一类文字，表明古时候"朋"就是一种货币衡量单位。东汉许慎《说文解字》表示："朋，假借也，表示群鸟聚在一起的情形。"

古代典籍中，"朋"字既可做名词，也可做动词，还可做副词。这里的"朋"很显然做名词。"朋"做名词，主要有以下三个义项：

1. 古代货币单位。例如：①既见君子，锡我百朋。（《诗·小雅·菁菁者莪》）②或益之十朋之龟。（《易·损》六五爻辞）

2. 朋友。例如：每有良朋，况也永叹；每有良朋，烝也无戎。（《诗·小雅·常棣》）〔北魏〕王弼注："朋，党也。"

3. 同学。例如：①五日联朋友。（《周礼·地官·大司徒》）〔汉〕郑玄注："同师曰朋，同志曰友。"②君子以朋友讲习。（《易·兑》象辞）〔唐〕孔颖达疏："同门曰朋，同志曰友。"

显然，"朋"在这里不是货币单位。来的"朋"肯定是人，但又绝不是现代意义上的"朋友"。根据以上所引材料，"朋"是现代意义上的"同学"无疑。在古代，"朋"跟"友"不一样，"友"更加强调志趣相投，意趣相通，追求一致。15.40"道不同，不相为谋"讲得很清楚，道不同的人走不到一块，根本成不了朋友。1.8"无友不如己者"也是说所有朋都和自己志趣相投。过去干革命的人相互之间称"同志"，那便是说他们之间有着共同的远大理想和抱负，而非来自同一所学校同一个班级。

如果是在课堂上，老师还可以引导学生结合教材说说，哪些人之间是"朋"，哪些人之间是"友"。如：子路和子贡、苏秦和张仪、孙膑和庞涓是"朋"，伯牙和钟子期、李白和杜甫、关羽和张飞是"友"。那么，新的问题又来了：为什么朋友来了不一定快乐，同学来了就一定快乐？

若要正确回答这一问题，得先思考这样两个问题：

1. 同学为何远道而来？
2. 同学来了，对我意味着什么？

这个问题比较复杂，需要老师带着学生一起思考。学过中国古代史的都知道，孔子生活的春秋战国时期，群雄割据，诸侯争霸，中国被分割成了无数个小国家，当时的周天子早已名存实亡，虽然名义上还算是老大，实权却掌握在各个诸侯国的诸侯手中。各诸侯国的老大一般都叫"某某公"，比如齐桓公、晋文公、秦穆公、宋襄公、卫灵公，等等。

这是大的历史背景。当时有名望的老师如孔子，门下弟子众多，学成以后往往到不同的国家实现自己的人生理想，比如冉求供职于鲁国的季氏家，子路最后供职于卫国。鬼谷子的两个弟子，孙膑成了齐国的军事家，庞涓则是魏国的名将。另外，古代交通极为不便，即便乘坐马车，想要见上一面，至少得十天半个月；不像今天，你在北京，想和上海同学见面，早上出发，中午就能见到。也就是说同学一旦分开，一辈子也见不上几面。交通不便，通讯更谈不上，传递信息得靠书信，因此交流也极其不易。

所以说同学远道而来，绝不只是很久没见了，于是见上一面。同学来是有目的的，他是为了提升自己，照"修身、齐家、治国、平天下"的说法是来"修身"的。同学来了，彼此之间少不了切磋交流，在这个过程中，彼此共同学习，共同进步：我把我这些年所获得的新知告诉你，你把你这些年所获得的新知告诉我。对我而言，同学的到来无异于为我打开了一扇通往外面世界的窗，我通过同学了解到了外面的新世界。

所以说同学远道而来是一件让人快乐的事情，毕竟机会不多。

（三）不知什么

前面两个环节，我们都是先采取书内自证的方式进行证伪，然后结合书外引证并加以分析进行证实。证伪部分，首先证得"习"字不能解为"温习"，"朋"字也不能解为现代意义上的"朋友"；证实部分，结合引证材料，证得"习"字当"实践"讲，"朋"字当"同学"讲。下面仍将采取这种办法，探究"不知"一词在本章的本意。

阅读以下文本，找出表示"不了解我"用的什么词。阅读的时候无需作深入理解，找出表示"不了解我"的词即可。

1.1 子曰："……人不知而不愠，……"

1.16 子曰："不患人之不己知，患不知人也。"

4.14 子曰："……不患莫己知，求为可知也。"

11.26 ……子曰："……居则曰：'不吾知也！'如或知尔，则何以哉？"……

14.30 子曰："不患人之不己知，患其不能也。"

14.35 子曰："莫我知也夫！"子贡曰："何为其莫知子也？"子曰："不怨天，不尤人，下学而上达。知我者其天乎！"

14.39 ……既而曰："鄙哉，硁硁乎！莫己知也，……"……

15.19 子曰："君子病无能焉，不病人之不己知也。"

根据《论语》以上篇章，表示今天意义上的"不了解我"显然有固定格式的短语，分别是"莫我知""莫己知""不己知"和"不吾知"，属于典型的宾语前置："莫我知"也就是"莫知我"；"莫己知"也就是"莫知己"；"不己知"也就是"不知己"；"不吾知"也就是"不知吾"。

可是"人不知而不愠"中的"不知"一词，无论中间，还是后面，都没有接"我""己""吾""予"字做宾语。还要翻译为"人家不了解我"不是很成问题吗？

试问，"我"在哪儿呢？宾语"我"不存在啊！要知道，整部《论语》每一章要么只讲一件事情，要么讲一件事情的几个方面或几个层面，绝少会讲几件事情。但是杨伯峻先生的译文以及根据教材编写者的注释，均可读出本章一共讲了三件事：学习之后按时温习，就会感到愉悦；朋友来了，便会感到快乐；别人不了解我，我也不恼怒，这样我便还是一个有才有德之人。

根据我们对前面两小句的研读，发现都是在讲"学习"。据第二小句可知，同学远道而来是为了和我切磋交流，切磋当中，思想交互，你来我往。第三小句紧承第二小句，因此"人不知"当为"同学不知"。所以这里的"人"不是泛指"别人"，而是确指"同学"，也就是来的那位"朋"。

至于"不知"，在《论语》中，首先"知"共有两个义项：

第一个义项是"知道""清楚""明白"，"不知"便是"不知道""不清楚""不明白"。如：1.16"患不知人也。" 2.22"人而无信，不知其可也。" 3.11"或问禘之说。子曰：'不知也'。" 4.21"父母之年，不可不知也。" 5.5"不知其仁，焉用佞？" 5.8"孟武伯问子路仁乎？子曰：'不知也。'" 7.14"子在齐闻韶，三月不知肉味。" 7.19"发愤忘食，乐以忘忧，不知老之将至云尔。"7.28"盖有不知而作之者，我无是也。"7.31"君而知礼，孰不知礼？"等等。

以上所引句子中，1.16"不知人"、2.22"不知其可"、5.5"不知其仁"、7.14"不知肉味"、7.19"不知老之将至"、7.31"不知礼"中的"不知"后面都接有宾语；3.11"不知也"、4.21"不可不知也"、5.8"不知也"、7.28"不知而作之者"中的"不知"后面都没有接宾语，但根据上下文，"不知"的具体内容又都是清楚的，比如3.11"不知"表示"不知禘之说"，4.21"不知"表示"不知父母之年"，5.8"不知"表示"不知子路是否仁或达到仁的境界"。

而"人不知而不愠"中的"不知"后面也没有接宾语，情况与此类同。另外，本句还省略了"不愠"的主语"我"，全句应为"人不知（省略宾语）而（省略主语）不愠"。

杨伯峻将"不愠"前面省略的主语，当成了"不知"后面省略的宾语"我"，所以才会译为"人家不了解我，我却不怨恨"。

第二个义项是"聪明""智慧""明智"。这种情况下，"知"通"智"。"不知"便是"不聪明""不智慧""不明智"。如：6.23"知者乐水，仁者乐山。知者动，仁者静。知者乐，仁者寿。"14.12"若臧武仲之知，公绰之不欲，卞庄子之勇，冉求之艺，文之以礼乐，亦可以为成人矣。"15.33 子曰："知及之，仁不能守之，虽得之，必失之。知及之，仁能守之，不庄以莅之，则民不敬。知及之，仁能守之，庄以莅之，动之不以礼，未善也。"19.25"君子一言以为知，一言以为不知，言不可不慎也。"以上句子中，19.25"一言以为不知"中的"不知"便是"不够明智"的意思。

前面我们已经知道了"人不知"便是"同学不知"，然而到底是说同学不够聪明还是不知道什么呢？

其实两种理解都解释得通：同学因为不够聪明，所以不知道或不理解我所讲。

说直白点就是，同学和我交流切磋中，我所讲的东西同学不知道，或者同学因为不够聪明一时半会儿没能听明白。我讲的东西他不知道，正说明我讲的是新知，同样他讲的东西我也可能不知道，这样正说明他讲的是新知。

我讲的他不知道，我才更应该讲。如果我讲的东西他都知道，我也就没有讲的必要了。所以说我不但不会生气，反而应该高兴，应该尽心尽力地讲给他听。若说同学因为不够聪明，一时半会儿没能听懂，这也是很正常的事情，说明我所讲的东西也不是一天两天学来的，而是长期学习、体悟乃至实践印证获得的，真要是一听就懂了，也就算不得什么了。因此我同样不会恼怒，反倒应该相信自己的修为。若能帮助同学达到跟我一样的修为，岂非助人为乐？

因此我一点也不生气，我仍然会耐心细致地给他讲，一直到他听懂为止。我的这种毫无保留、诲人不倦的行为，不正是一个君子应该有的吗？

实际上，孔子从来就是毫无保留地教授别人，绝不会隐瞒。

7.24 子曰："二三子以我为隐乎？吾无隐乎尔。吾无行而不与二三子者，是丘也。"

根据本章可知，不是老师有所隐瞒，而是弟子们以为老师有所隐瞒，因此孔子才会说出这样的话："你们以为我对你们有什么隐瞒的吗？我没有丝毫隐瞒。我没有什么事情不是和你们一起干的，我孔丘就是这样的人。"言下之意，我孔丘就不是有所隐瞒的人。孔子这里既是自证，也是教育弟子们：君子在教授别人的时候，要能做到"人不知而不愠"。

经过前面三个环节的探讨，我们读出了不一样的结果，但这并不影响我们接受杨伯峻的译文以及教材编写者的注解。因为教材立足当下阅读，追求古为今用，我们这里采取的本位阅读，探寻原始意义。当下阅读更加强调文本能够为读者提供什么阅读价值，强调读者能够从中读出什么；本位阅读则重视作者赋予文本的原始内涵。

实际上我也非常认同杨伯峻和教材编写者的注解：学生学习，课后按时温习，这便是对所学知识加以巩固；朋友来了是一件快乐的事情，这是要求学生善于交际；即便别人不了解自己，我也不生气，这是说学生一定要做自己，不以别人的意志为转移。几句话便可从三个方面积极影响我们的学生，发挥思想品德教育的作用，这是多好的事啊！

所以说即便探究出来的结果不同，也没什么关系，我们不是非得要搞清楚1.1到底怎样理解，而是学习文本互证这一阅读技巧，以便用到《论语》

其他篇章的研读当中。

四、读写一体

如果用于课堂教学，学完这一课，还可引向写作。当前阅读教学中强调读写一体，是说要把读写融贯起来，打通读写通道。

这里引向写作，切忌另起炉灶，而是让写成为读的一部分来呈现。因此，老师引导就得巧妙一些。例如：

假设你有一位外地好朋友，跟你一样也正在读初中（高中），请以今天这堂课上所学写一篇报告，详细介绍你所掌握的阅读方法和学习内容，并且分享你的学习心得体会。

要求：你的介绍要能真正帮到你的朋友，通过你的报告，就可掌握你所学到的东西。

五、小结

学而篇1.1是《论语》的纲领，也是孔子教育教学的核心思想。若能读懂这一章，也便能够读懂整部《论语》了。

1. "学而时习之"也就是我们今天所说的"学以致用，学习要实践"；

2. "有朋自远方来"也就是我们今天所说的"自主、合作、探究式学习"；

3. "人不知而不愠"也就是我们今天所说的"教学相长"，在教中学，在学中教，这也就是《学记》中所讲的"学学半"。

说孔子是古往今来最伟大的教育家，真是一点也不为过；《论语》编者将这一章编在开篇，具有远见卓识。

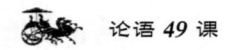

02　抓关键句

3.22 子曰："管仲之器小哉！"或曰："管仲俭乎？"曰："管氏有三归，官事不摄，焉得俭？""然则管仲知礼乎？"曰："邦君树塞门，管氏亦树塞门。邦君为两君之好，有反坫，管氏亦有反坫。管氏而知礼，孰不知礼？"

8.2 子曰："恭而无礼则劳，慎而无礼则葸，勇而无礼则乱，直而无礼则绞。君子笃于亲，则民兴于仁；故旧不遗，则民不偷。"

17.8 子曰："由也，女闻六言六蔽矣乎？"对曰："未也。""居，吾语女。好仁不好学，其蔽也愚；好知不好学，其蔽也荡；好信不好学，其蔽也贼；好直不好学，其蔽也绞；好勇不好学，其蔽也乱；好刚不好学，其蔽也狂。"

一、管仲之器小哉

3.22 "管氏有三归"中的"三归"，"管氏亦树塞门"中的"塞门"，"管氏亦有反坫"中的"反坫"，都不容易理解。但是通过抓文中的关键句"焉得俭"及"管氏而知礼，孰不知礼"便知，在孔子眼中，管仲既不节俭，又不知礼仪。孔子的理由是管仲"有三归，官事不摄"，所以不节俭；邦君干什么管仲便干什么，所以管仲不知礼仪。

本章重点是说管仲不节俭，管仲不知礼仪，至于"三归""塞门""反坫"究竟何意并不影响理解。

二、礼特别重要

再看8.2。说实话，若不查阅文献，我也不知道"恭而无礼则劳，慎而无礼则葸，勇而无礼则乱，直而无礼则绞"中的"劳""葸""乱""绞"到底何意。但这并不影响我们理解本章当中孔子想要表达的意思。我们只需注意每小句的前面四个字就可以了，亦即"X而无礼"，意思是说，只要少了"礼"就不太好。换句话说，恭也好、慎也好、勇也好、直也好都不能少了礼来节制和规范。

另外，本章前半部分能够理解"礼"的价值和重要性，也就可以了。

三、六言六弊

17.8同8.2一样，"其蔽也＿＿＿"中的"荡""贼""绞"都不容易理解，只知道都是"蔽"的某种不良表现。就本章而言，理解"蔽"的表现远远不如搞清楚引起"蔽"的原因重要。

这就要求我们找准本章的关键句，便是"好＿＿＿不好学"。换句话说，这些"蔽"都是由"不好学"引起的。既然不好学会产生那么多的"蔽"，再不"好学"，更待何时！

抓关键句可以帮助我们理解《论语》某些篇章的核心意义，阅读的时候通常是直接绕开那些疑难词句，直接理解文中的关键句。这样做对理解其中的疑难词句，却无能为力。这时就得看你对自己的要求了，你若只想了解大意，把握其中的核心思想也就可以了；你要是想对文本做全面理解，除了抓关键句，还得用上其他的阅读方法。

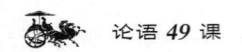

03　划分层次

1.15 子贡曰："贫而无谄，富而无骄，何如？"子曰："可也。未若贫而乐，富而好礼者也。"子贡曰：《诗》云，'如切如磋，如琢如磨'，其斯之谓与？"子曰："赐也，始可与言《诗》已矣，告诸往而知来者。"

3.8 子夏问曰："'巧笑倩兮，美目盼兮，素以为绚兮。'何谓也？"子曰："绘事后素。"曰："礼后乎？"子曰："起予者商也！始可与言《诗》已矣。"

一、如切如磋，如琢如磨

先看 1.15。一般来讲，其中"如切如磋，如琢如磨"一句共有两种解释：一种解释是说切、磋、琢、磨分别指对骨、象牙、玉、石四种不同材料进行加工，否则不能成器；一种解释是说加工象牙和骨，切了还要磋，加工玉石，琢了还要磨，有精益求精之意。但是一般读者并不知道，况且两种解释到底哪一种正确呢？

这两句话原本出自《诗经·卫风·淇奥》"有匪君子，如切如磋，如琢如磨"。在原诗中就不容易理解。但是当我们仔细阅读又会发现，即便不能正确解释"如切如磋，如琢如磨"，也不影响我们对这一章的理解，因为它并不是理解的关键所在。不妨先对其划分层次：

第一层

子贡曰："贫而无谄，富而无骄，何如？"子曰："可也。未若贫而乐，富而好礼者也。"

第二层

子贡曰：《诗》云，'如切如磋，如琢如磨'，其斯之谓与？"

第三层

子曰："赐也，始可与言《诗》已矣，告诸往而知来者。"

第一层先是子贡向老师发问："没钱的时候不巴结奉承，有钱的时候不骄傲自大，怎么样呢？"孔子说："很好；但比不上没钱但很快乐，有钱也好礼节。"也就是说，孔子认为还应该有更高的要求。第二层自然便是子贡对老师"更高的要求"的理解了。子贡不是直接对老师的话进行理解，而是类比迁移到了《诗经》当中。换句话说，这第二层当中子贡所引的两句和孔子"更高的要求"意思相类。实际上，我们再看第三层孔子的反应也就一目了然了。正因为子贡理解得正确并且还能迁移其他，所以孔子才会表扬他："现在可以跟你谈《诗》了，告诉你一件事情，你能类比联想到其他事情。"

那么，本章的关键是哪一句呢？就是第三层的"告诸往而知来者"，抓住这一句，便是找到了进入本章的入口。

其中的"往"便是孔子所说的"未若贫而乐，富而好礼者也"，而"来者"便是"如切如磋，如琢如磨"。

二、巧笑倩兮，美目盼兮

再看 3.8。同样，先对其划分层次：

第一层

子夏问曰："'巧笑倩兮，美目盼兮，素以为绚兮。'何谓也？"

子曰："绘事后素。"

第二层

曰："礼后乎？"

第三层

子曰："起予者商也！始可与言《诗》已矣。"

通读全章，很容易发现，理解的入口在第三层，而且本章适宜倒着理解。第三层明显是孔子肯定、赞扬子夏。那么，子夏到底说了什么而受到老师的赞扬呢？

这便是第二层内容了。

子夏的回答是个反问句。我们知道，反问句的答案就在问句当中。因此子夏的问话同时也是回答。那么，子夏又是针对什么做出的回复呢？

这就回到第一层内容。

第一层内容是一问一答，子夏问，孔子答。

这样一来，我们沿着第三层内容倒着理解，就把全章的内容梳理清楚了。第三层既是理解的入口，也是本章的关键句："起予者商也！始可与言《诗》已矣。"

换句话说，子夏是在孔子"绘事后素"之说基础上想到"礼后"之说，而孔子的"绘事后素"之说又是回答子夏所问"巧笑倩兮，美目盼兮，素以为绚兮"之意。

本章"素以为绚兮""绘事后素""礼后乎"三处历来都是理解的难点，现在既然将三者的关系打通了，只要理解任何一处，其他两处便可理解。

也就是说，"素以为绚"就是"绘事后素"，而"礼后"则属于子夏对"绘事后素"的类比和联想。

三处唯有"素以为绚兮"较容易理解些，"素以为绚"便是"以素为绚"。如此，"绘事后素"便是"绘事后于素"，"礼后"便是"礼后于（仁）"。

翻译成白话文便是：绚烂以素为底，彩绘以素白为底，礼以仁为前提。

特别强调："绘事后素"不是"先彩绘再素描"，而是"先素描再上彩"；同样"礼后"不是"礼内仁外"，而是"礼外仁内"。

这种阅读方法适宜和抓关键句结合使用。很多时候，一旦内容层次划分对了，关键句也就一清二楚了。

04　辨明态度

人的思考方式带有主观性，与客观相对，仅凭自己的感情去看待事物，并作结论、决策以及行为反应，缺乏实证，也经不起证实。比如：

5.8 孟武伯问子路仁乎？子曰："不知也。"又问。子曰："由也，千乘之国，可使治其赋也，不知其仁也。""求也何如？"子曰："求也，千室之邑，百乘之家，可使为之宰也，不知其仁也。""赤也何如？"子曰："赤也，束带立于朝，可使与宾客言也，不知其仁也。"

子路真像孔子说的那样，可以让他负责拥有千辆兵车的国家的兵役和军政工作吗？冉求真像孔子讲的那样，可以让他当拥有千户人口、百辆兵车的地区的第一行政长官吗？公西赤真像孔子讲的那样，可以让他穿上礼服行走朝堂之上接待外宾吗？一切只不过是孔子的个人单方面的看法，他们是否能够胜任还是未知数呢！一个人的能力是最不可量化的，除非做了并且做到了，否则都只是主观判断。

当然，子路和冉求先后做过季氏的家宰，而且冉求还亲自带兵抵御过外敌，这个是有记录的，乃是客观存在的事实。

又如：

5.9 子谓子贡曰："女与回也孰愈？"对曰："赐也何敢望回？回也闻一以知十，赐也闻一以知二。"子曰："弗如也；吾与女弗如也。"

孔子意在肯定和赞扬子贡有自知之明，同时又为拥有颜回这样优秀的弟子而自得，因此在子贡说自己赶不上颜回之后，不但同意子贡的说法，而且说自己和子贡都不如颜回。孔子并非不如颜回，孔子这样讲，一可认为孔子足够谦逊，二可认为颜回在孔子眼中真是好学生，三可认为孔子借此来敲打子贡。

又如：

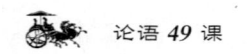

13.10 子曰:"苟有用我者,期月而已可也,三年有成。"

本章只需抓住"苟"字便可理解了。"苟"在这里做"假设""如果"讲,就是说这件事情并未真正发生过,足见孔子并没有这方面的经验,一切只是他的主观意愿。

又如:

15.39 子曰:"有教无类。"

通过教育就一定能够消除人与人之间的差异吗?未必。人与人之间的差距是永远存在的,比如出身,比如智力,比如兴趣,比如能力,岂是教育就能消除的。孔子这样讲,一来申明他的教育主张,通过教育这种方式消除人与人之间的差距;二来表明他的教育理想,希望通过教育来消除人与人之间的差距。

通过以上阅读、分析可知,孔子讲的很多话都只是他的主观看法。其实,我们生活中讲得最多的也是主观想法。主观表达总是夹杂着个人情感,带有明显的感情色彩,而在阅读的时候,我们也总是循着主观表达进行理解,以至于面对客观陈述依然如此,这就难免造成误读。比如:

4.26 子游曰:"事君数,斯辱矣;朋友数,斯疏矣。"

本章中既无批评君王、朋友的意思,也无批评事君之人、与朋友相交之人的意思。孔子只不过将"事君数""朋友数"产生的不良后果客观地讲了出来。至于受教之人如何理解、理解多少、领会多少则是另一回事。作为老师,孔子只负责把他看到的、听到的、总结到的讲出来。

又如:

5.27 子曰:"已矣乎,吾未见能见其过而内自讼者也。"

客观陈述就是摆出事实、呈现现象,但是客观陈述同样可以表达主观感情,甚至很多时候就是表达主观感情。这一点非常重要。本章孔子先是喊出"已矣乎",就好比今天口语中的"完了,完蛋了"。这明显是主观情绪的表达,但跟着讲的"吾未见能见其过而内自讼者也"却是客观陈述。孔子既然说他未见那就真的未见,不可能见了却说没见。事实上,孔子说未见正说明他希望见到。而他希望见到就是主观情感的体现了。

之所以如此强调阅读时要善于分辨是主观表达还是客观陈述,是因为有时候一旦搞反了就会读偏，比如下面这一章。

8.9 子曰："民可使由之，不可使知之。"

这章历来被误读得相当厉害，甚至有人以此认定孔子搞愚民政策，认定本章是说：老百姓必须得听命而行，而不可知道君王的底细。殊不知孔子只是客观陈述一个事实而已：老百姓可以做到让他们知其然，难以做到让他们知其所以然。当时平民甚少接受教育，很难明白那些大道理。因此让他们照着做容易，让他们明白为什么要这样做就难了。孔子正是洞悉了这一点，所以讲出这一番话来。《论语》中类似这样的篇章既然属于客观陈述，我们阅读时也应客观理解，不可做过多的主观发挥。

又如：

9.18 子曰："吾未见好德如好色者也。"（15.13 重复）

这一章和5.27类似，仍然是客观陈述而表达主观感情。像好色那样好德的人孔子说他不曾见过，相信你我也不曾见过，这是事实。正因为未见，所以想见，因此再对本章作出理解也就简单了：孔子希望世人像好色那样持之以恒地好德。孔子有反对好色吗？没有。他只希望世人也好德。1.7子夏所说"贤贤易色"和本章所讲是一个道理，不是要你不爱妻子的容貌，而是要你像爱她的容貌一样爱她的贤德。

又如：

14.10 子曰："贫而无怨难，富而无骄易。"

这种说法既是客观陈述，也是深刻洞见，近乎一种真理。本章理解起来不难，单从字面意思就能够读明白。

又如：

17.2 子曰："性相近也，习相远也。"

孟子认为人性本善，荀子认为人性本恶。孔子则不同，他认为人性原本相近，之所以会变得不同，是因为后天习染所致。不但陈述客观，而且见解客观。

单纯的主观表达或客观陈述，理解起来相对比较单纯。也有一些说法既像主观表达又像客观陈述，理解起来就要复杂一些，比如下面这一章。

15.2 在陈绝粮，从者病，莫能兴。子路愠见曰："君子亦有穷乎？"子曰：

"君子固穷，小人穷斯滥矣。"

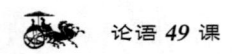

孔子所讲"君子固穷，小人穷斯滥矣"必有所本，不完全出自主观意见，如此看来更像是客观陈述。但就全章内容提供的语境来看，孔子这样讲，首先是因为子路那样问而引起的情感反应，有为自己及一众弟子遭逢此难的辩解意味；其次也是正面回应子路，君子自然也有走投无路的时候，但是绝不会像小人那样，一旦走投无路，就会乱来。如此看来又更像是主观表达，因为在孔子看来，君子居于道德上位，小人处于道德下位。

阅读《论语》相关篇章，辨别主观表达还是客观陈述至关重要，带着这样的思路阅读整部《论语》，或许会有意外收获。

05　断句标点

1.8 子曰君子不重则不威学则不固主忠信无友不如己者过则勿惮改

古人是没有标点符号的，因此我们阅读古文，首先得学会断句，并为其准确标点。当然，我们今天阅读古文书籍，都有人替我们断好了句，也标好了点，这对我们阅读学习提供了极大的方便。

只不过，不是所有的断句标点都准确无误，因此也就需要我们重新审视原文，首先搞清楚它到底说了些什么，尝试对其重新断句标点，然后再理解。

学而篇1.8大致有以下几种标点方式，分别如下：

第1种　子曰："君子不重，则不威。学，则不固。主忠信，无友不如己者。过，则勿惮改。"

第2种　子曰："君子不重，则不威；学，则不固；主忠信，无友不如己者；过，则勿惮改。"

第3种　子曰："君子不重，则不威；学则不固。主忠信。无友不如己者。过，则勿惮改。"

第4种　子曰："君子不重：则不威；学则不固；主忠信，无友不如己者；过，则勿惮改。"

一、君子不重，则不威。

稍加对比就可发现，第1种和第2种并没有本质上的区别，两种标点下的理解甚至完全一致。这里孔子一共讲了四点：

1. 君子需要自重，因为若不自重，就难有威信；
2. 学习非常重要，因为只有通过学习，才不至于孤陋寡闻；

3. 只和像自己一样以忠信为主的志同道合的人交朋友；

4. 有了过错，不要怕改正。

若按照第 1 种标点来理解，那么这四点并非孔子一时一地所讲，只不过是因为记录的弟子在编撰《论语》的时候，将它们编在了一起。

若按照第 2 种标点来理解，那么这四点就是孔子一时一地所讲，很可能是孔子在教育某个弟子的时候，针对该名弟子的性格特点，一下讲了这四个方面。

无论是对一时一地所讲的全部记录，还是对不同时间、地点所讲的编辑整理，这两种标点方式都可作如下理解：

孔子说："君子若不自重，难有威信。（;）努力学习，便不会孤陋寡闻。（;）为人处世忠字当头、信字为先，不交志趣不相投之人。（;）有了过错，不要怕改正。"

笔者采纳的是第 1 种标点，因为《论语》是由孔子弟子及再传弟子合编而成，另外一个人一时一地讲话，往往不太可能讲得那样全面系统。

二、学，则不固。

本章历来就有两处特别容易产生歧义。根据笔者分析，皆因第 3 种标点所致。这种标点流行最广，杨伯峻等《论语》研究者均从此种表达。稍加分析就可发现，这里是将"不威"和"学则不固"都当成了"君子不重"而产生的不良结果，"君子不重"是导致"不威"及"学则不固"的根本原因。

这种标点之下通常理解为："君子若不自重，则难有威信；即使读书，所学的也不会巩固。……"

通常大家都将"固"释为"坚固""牢固""稳固"，但据 9.4 "子绝四——毋意，毋必，毋固，毋我。" 14.32 "非敢为佞也，疾固也。"可知"固"亦有"鄙陋""固陋""无知""顽固""蔽固"之意。即便"固"有那么多个义项，但在特定的语句中，其义项也就确定了下来。

若按照第 1 种或第 2 种方式标点，"学，则不固"和"君子不重，则不威"并列，"不固"就变成了"学"的结果，"固"自然解为"固陋"。若按照第 3 种标点，"学则不固"则是"君子不重"产生的不良结果，因此"固"自然解为"牢固"。

三、主忠信，无友不如己者。

另外我们还将发现，第 3 种标点将"主忠信"和"无友不如己者"截然分开。这样标点不是不可以，各自独立也能进行理解而不至于解偏。我们完全可以认为，本章所讲一共涉及五个方面。

实则"主忠信。无友不如己者。过，则勿惮改"在《论语》中本就另外成章，被编在了第 9 篇第 25 章。我们完全有理由认为，9.25 一共讲了三个方面的事情。

9.25 子曰："主忠信，毋友不如己者，过则勿惮改。"

关于"无友不如己者"，一共有以下几种不同的理解方式——

a. 永远都可以从交往的朋友身上学到东西；
b. 不要跟不如自己的人交朋友（或：要交比自己强的朋友）；
c. 没有不如自己的朋友（或：所有的朋友都比自己强）；
d. 不交志趣不相投的人（或：只跟志同道合的人交朋友）。

以上 a 为刘君祖先生的理解，个人认为很是牵强，将其纳入仅仅为了说明一千个读者真的就有一千个哈姆雷特。

b 为杨伯峻、杨逢彬叔侄俩的理解，这种理解经不起推敲，要是人人都不跟不如自己的人交朋友，那也就没有人能够交到朋友了。

c 为美学家李泽厚先生的理解，李先生将"无友"解为"没有朋友"，但这种理解明显不符合语言表达习惯。12.5 司马牛忧曰："人皆有兄弟，我独亡。"司马牛说，人人都有兄弟，就他一个人没有兄弟，书中用的是"我独亡"的"亡"字，而非"无友不如己者"中的"无"字。或许"无"当作"毋"讲，因为同音而导致错误。

d 为笔者的理解。个人认为"无友不如己者"紧承"主忠信"而言。参照 15.40"道不同，不相为谋"及 16.4"益者三友，损者三友。友直，友谅，友多闻，益矣。友便辟，友善柔，友便佞，损矣"两章也就清楚了：只和那些

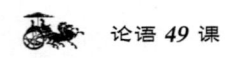

跟自己一样"主忠信"的人交朋友。这里是说不和那些跟自己的志趣、追求、脾性不相投的人交朋友。因此，理解的关键点在"不如"二字，意即"不同""不像""不似"。

四、君子不重：

主张第4种标点的也大有人在，这类读者认为孔子所讲几句话一定有个主点，譬如主点为君子当"重"，整个都是围绕君子之"重"展开：君子不重，也就难有其威；不重，则学也就不固；君子之重关键在忠信，忠信之人，交友不如己者，有过错也不怕改正。想来夫子说话不至于前言不搭后语，抑或有个主点才是。

进一步分析可知，主张这种标点的读者首先认定本章为孔子一时一地所讲，弟子只是如实记录如实编进《论语》当中，其次是将"无友不如己者""过则勿惮改"视为整体。

如此，第4种标点当变成以下这样——

第 4^1 种．子曰："君子不重；则不威；学则不固；主忠信，无友不如己者，过则勿惮改。"

这样标点，本章所讲自然也就变成一主点三分点了。中间的三个分号，将三个分点分别开来，并列呈现，作为主点"君子不重"产生的三个结果。

五、贤贤易色。

类似本章的，如学而篇1.7，若按以上主张第4种标点的读者标点，则是这样的：

1.7 子夏曰："贤贤易色：事父母，能竭其力；事君，能致其身；与朋友交，言而有信。虽曰未学，吾必谓之学矣。"

这样，"贤贤"就是主点，"事父母""事君""与朋友交"则为分点。

笔者以为，正确标点应当如下：

1.7 子夏曰："贤贤易色；（。）事父母，能竭其力；（。）事君，能致其身；

(。)与朋友交，言而有信。虽曰未学，吾必谓之学矣。"

如此，贤贤和事父母、事君、与朋友交一样，讲的是另外一个方面的事情。有研究者认为这里的贤贤，是就妻子而言，是说要像爱妻子的容貌一样爱妻子的美德。

王力先生认为："当我们读古书的时候，所应注意的不是古人应该说什么，而是实际上古人说了什么。如果先主观地肯定了古人应该说什么，就会想尽办法把语言了解为表达了那种思想，这有牵强附会的危险；如果先仔细地看清了古人实际上说了什么，再来体会他的思想，这个程序就是比较科学的。所得的结论也是比较可靠的。"

给古文重新断句标点，首先应当做到像王力先生所讲，不应先主观地肯定了古人应该说什么，而是潜入文本，仔细考察古人借助文本实际上在讲什么。

06　综合运用

9.18 子曰："吾未见好德如好色者也。"

一、字面理解、尝试质疑

9.18 子曰："吾[1]未见好德[2]如好色[3]者[4]也。"
注释：①吾，我。②德，泛指精神层面的东西，这里指品德、美德。③色，泛指物质层面的东西，这里指女色、美色。④者，什么的人。

简简单单的一句话，结合相关注释，似乎从字面上就可理解：我没有见过好德像好色一样的人。

孔子似乎只是道出了一种社会现象：相对于好德，人们普遍比较好色。而这种现象普遍存在，直到今天也是如此。可见这是人人都心知肚明的。因此有人认为，孔子这句话讲得太没有水平了，大大降低了他在人们心目中伟大而又崇高的形象，原来孔子跟我们普通人差不多，根本就没有什么了不起的。真的是这样吗？果真如此，这句话何以被收录在《论语》当中？

二、情景还原、重构现场

如果我们知道孔子是在什么时间、地点、情况下说的这句话，相信对我们的理解会有很大的帮助。实际上孔子这句话还真不是随随便便讲的，孔子讲这句话是有原因的。

阅读下面文字，思考几个问题：此情此景，谁代表色？谁代表德？孔子认为是谁只好色不好德？

反乎卫，主蘧伯玉家。灵公夫人有南子者，使人谓孔子曰："四方之君子不辱欲与寡君为兄弟者，必见寡小君。寡小君愿见。"孔子辞谢，不得已而见之。夫人在絺帷中。孔子入门，北面稽首。夫人自帷中再拜，环珮玉声璆然。孔子曰："吾乡为弗见，见之礼答焉。"子路不说。孔子矢之曰："予所不者，天厌之！天厌之！"居卫月余，灵公与夫人同车，宦者雍渠参乘，出，使孔子为次乘，招摇市过之。孔子曰："吾未见好德如好色者也。"于是丑之，去卫，过曹。《史记·孔子世家》

根据以上文段可知，孔子再次回到卫国，仍未获得重用，还硬被那名誉极坏的灵公夫人南子召见。孔子本不愿意，但碍于礼节，还是去见了。子路为此不满，孔子为了向子路表明自己并无不当之处，甚至对天赌咒发誓。这且不谈，最多也只是感到遗憾。孔子万万没想到的是，灵公与夫人南子同坐一辆马车外出漫游，除了宦官雍渠陪同左右，出宫以后还让孔子坐在第二辆车子上跟随，一起招摇过市。孔子正是在这种情境之下讲了这样一句话："吾未见好德如好色者也。"

我们知道，孔子周游列国，主要是为了推行自己的政治主张，而最佳途径莫过于直接向国君倾销。然而卫国的国君灵公并未给予孔子机会，更别说采纳他的政治思想了。这本就够孔子郁闷的了，没想到还要被灵公这般愚弄和羞辱。或许，在灵公看来，他这样做要么只是想沾沾孔子的圣人之气，好为自己脸上贴金，以示自己和有德之人相伴；要么就是我给你孔子机会，我是给你面子，你能和一国之君同行，这得多大的面子呀！但在孔子看来，就完全不是那么回事。孔子会觉得，你这是贪淫好色、居高临下、目中无人，道德败坏，完全不把我老人家放在眼里，你的眼里只有美人，哪里会想到天下的穷苦百姓，哪里会想到像我这种品德高尚、志向远大的人。所以"吾未见好德如好色者也"中的"德"和"色"均有所指，此情此景，"色"自然是指美人南子，"德"自然是指孔子自己。

这里谁好色不好德？也就是说，这里谁爱南子不爱孔子？自然是灵公了。

如此本章当翻译为"大王爱美人不爱我孔丘"才是。这里通过重构现场，读出的是孔子的尴尬处境，或者说是自叹自怜。

三、上下勾连、理解迁移

笔者在本书"策略篇""第01课．文本互证"中说过，阅读通常分为现代阅读和本位阅读两种立场，现代阅读从读者出发，本位阅读从作者出发。

作为书的编者，多多少少都会融入自己的思想，体现编者自己的意志，比如：编入哪些内容，舍弃哪些内容，哪些内容靠前，哪些内容靠后，等等。经过编辑后的文本和作者的原始文本具有很大的不同，因此阅读多是现代阅读。我们知道《论语》是编出来的，体现了多位编者的意志。

根据《论语》一书，可推测出编者当为曾子、有子、冉子门下的弟子，因为全书除了孔子外，只有这三人称"子"，此乃尊称。另外，1.2是有子讲的，1.4是曾子讲的，1.9又是曾子讲的，1.12又是有子讲的，两位的话在书中如此靠前，唯有一种解释：他们的弟子尊敬自己老师，所以不但称他们为"子"，而且将他们讲的话编在第一篇。

讲这些，是说《论语》中的某些篇章与上下篇章之间都有联系。国学大师南怀瑾先生甚至认为《论语》具有一贯的系统，哪篇接哪篇，哪章接哪章非常讲究，绝不能动。

南怀瑾先生固然有些夸张，但是9.18和9.17、9.19确实有关。不信请看：

9.17 子在川上，曰："逝者如斯夫！不舍昼夜。"

9.18 子曰："吾未见好德如好色者也。"

9.19 子曰："譬如为山，未成一篑，止，吾止也；譬如平地，虽覆一篑，进，吾往也。"

首先，9.17孔子站在河边感叹："消逝的时光像河水一样呀！日夜不停地流去。"意思是说时光一去如流水，随着时间流逝，我们年华不再，我们得珍惜时间。9.19孔子打了两个非常有意思的比方："好比堆土成山，哪怕只差一筐土，这个时候停下来，我这座山就堆不成。好比填土平地，哪怕刚倒一筐土，只要继续，我早晚能填平。"这说明做事情一定要持之以恒，要长期坚持做。

回到 9.18 中来，从时间上讲，好色是先天的，好德是后天的；人人都好色，不需要花任何工夫，不需要坚持，好德却需要不断学习、长期修炼、努力践行。孔子既然说他"未见"，正说明他"想见"。孔子想见什么呢？想见"好德如好色者"。

孔子有反对"好色"吗？显然没有。孔子只是希望见到"像好色那样好德的人"。

经过编辑以后，结合上下篇章，9.18 被编者赋予新的内涵：孔子真心希望世人像好色那样持之以恒地好德。

这里我们读出了孔子心中的美好愿望或是期盼。

四、反复朗诵、体悟推测

这句话除开编在 9.18，还编在 15.13，只不过 15.13 中多了几个字。

15.13 子曰："已矣乎！吾未见好德如好色者也。"

注释：已矣乎，完了，完蛋了，没什么希望了。

我们如果反复朗诵这句话，朗诵之时注意带上个人感情，特别是从"已矣乎"三个字上面试着体会孔子讲这句话时的心情，或许又有不一样的收获。

孔子讲这句话的时候什么心情呢？他为何要说"已矣乎"？他在担心什么呢？很明显他是担心世人都好色不好德这件事情。孔子并不反对"好色"。孔子只是希望人们在好色的时候也好德，最好能够做到像好色那样好德，并且一直好下去。

前面我们已经讲过，孔子讲的这个事儿属于普遍现象，换句话说，一般人都知道这个事儿，但并不觉得有什么。偏偏孔子把它当回事，而且当成大事，甚至认为这件事情已经严重到了动摇社会根本的地步。试问一个"两耳不闻窗外事，一心只读圣贤书"的人会像孔子这样心系天下、忧国忧民吗？

显然不会！但孔子却这样做了！孔子心里想的从来就不是他自己，而是天下黎民百姓的道德建设、价值取向等问题。这正好体现了孔子的伟大。

若对某个文本进行多元解读，往往就不止用一种阅读方法，比如本课，就用到了好几种阅读方法。

　　当然文本互证总会用到，如第二环节引用《史记·孔子世家》用以重构阅读现场，第三环节引用9.17、9.19用以注解9.18，第四环节引用15.13用以佐证9.18。

　　多文对举，群文阅读，本是巧妙的阅读方法。

第二篇 知识积累

07 赐也何如

"何如"一词在《论语》中的词意是稳定的,无论它出现在句首、句中、句末还是单独出现,均为"如何""怎样""怎么样"的意思,通常用于一般的疑问句。

一、问某一个或某一类人(人品、能力、表现、做法、做派)怎么样。如:

5.4 子贡问曰:"赐也何如?"

5.8 ……"求也何如?"……"赤也何如?"……

13.24 子贡问曰:"乡人皆好之,何如?"子曰:"未可也。""乡人皆恶之,何如?"

5.19 子张问曰:"令尹子文三仕为令尹,无喜色;三已之,无愠色。旧令尹之政,必以告新令尹。何如?"子曰:"忠矣。"……"崔子弑齐君,陈文子有马十乘,弃而违之。……何如?"

13.20 ……曰:"今之从政者何如?"子曰:"噫!斗筲之人,何足算也?"……

二、问某件事情或达到某种标准怎么样。如:

1.15 子贡曰:"贫而无谄,富而无骄,何如?"

6.30 子贡曰:"如有博施于民而能济众,何如?可谓仁乎?"

12.19 季康子问政于孔子曰:"如杀无道,以就有道何如?"

14.34 或曰:"以德报怨,何如?"

……

三、问怎么样(怎么做,符合什么要求,达到什么标准)才能怎么样。如:

12.20 子张问:"士何如斯可谓之达矣?"

13.28 子路问曰："何如斯可谓之士矣?"
20.2 子张问于孔子曰："何如斯可以从政矣?"
……

四、在不同的语境中，"何如"虽可译为"怎么样"，但其所指却不同。如：

11.26 子路、曾晳、冉有、公西华侍坐。子曰："以吾一日长乎尔，毋吾以也。居则曰：'不吾知也!'如或知尔，则何以哉?"……"求! 尔何如?"……"赤! 尔何如?"……"点! 尔何如?"……夫子喟然叹曰："吾与点也!"三子者出，曾晳后。曾晳曰："夫三子者之言何如?"……

本章前面三个"何如"同本章的"则何以哉"意思一样，"尔何如"也就是"你想干什么"。在口语表达中，结合本章语境，问"你怎么样"跟问"你想干什么"是一样的。

第四个"何如"就是本意"怎么样"，因此"夫三子者之言何如"也就是"他们三位讲得怎么样"的意思。

五、上面说"何如"一词通常用于一般疑问句中，但也有例外。比如下面这章，这似乎是个反问句，"何如"一词似乎不能直接翻译为"怎么样"。

5.18 子曰："臧文仲居蔡，山节藻棁，何如其知也?"

孔子说："臧文仲为喂养的大神龟（盖）间屋，用了有雕刻着像山一样的斗拱和画着藻草的梁上短柱，这怎么算明智呢?"

臧文仲在当时被称为智者，孔子语带嘲讽，认为他根本称不上智者。

古时候国有大事不决，就用龟甲来占卜。用于占卜的龟共有六种，按照周礼的规定，六种龟各藏一个屋子，由专门的掌龟人掌管。臧孙氏三代为鲁国掌龟大夫，臧文仲用祖庙的装饰供养，这是违反礼制的，这样做当然算不上明智了。

原文"何如其知"某种程度上可变为"其知何如"，意即"其智慧怎么样"? 只是这样一变，反问句变成了一般疑问句，难以体现整句"不怎么样"的意思了。

但若进一步探究，我们发现其实这种情况和上面第三种一样，不妨再做试译：

究竟怎样做才配称智者呢?

意思是说,臧文仲这样做是不配称为智者的。

综上所述,"何如"一词在《论语》中始终做"如何""怎么""怎么样"理解。

08　言必有中

书中"必有",就是"必定有""一定有""必须有"之意。本无多少可讨论的,考虑到像4.25极易造成误读,也就有必要单独讲一讲。

4.25 子曰:"德不孤,必有邻。"

本章历来有两种理解:一种理解为"有德之人不会孤单,一定有同道中人来相伴";一种理解为"有德之人不会孤单,因为有同道中人存在"。

前一种理解中"必有"单指将来某个特定时间,"邻"是由"德"吸引来的;

后一种理解中"必有"包含了从过去到现在再到将来的整个过程,之所以"不孤"是因为"有邻"。

以下其余各章,但凡"必有",均做"必定有""一定有""必须有"理解。

4.19 子曰:"父母在,不远游,游必有方。"

5.28 子曰:"十室之邑,必有忠信如丘者焉,不如丘之好学也。"

7.22 子曰:"三人行,必有我师焉;……"

10.6 ……必有寝衣,长一身有半。……

10.7 齐,必有明衣,布。……

11.14 ……子曰:"夫人不言,言必有中。"

14.4 子曰:"有德者必有言,有言者不必有德。仁者必有勇,勇者不必有仁。"

15.12 子曰:"人无远虑,必有近忧。"

19.4 子夏曰:"虽小道,必有可观者焉;……"

09　必也正名

"必也""必有",二者虽然一字之差,但是意思相差万里。"必有"理解起来容易,"必也"相对复杂。

一部《论语》,"必"字出现了 75 次,义项不止一个;"必也"只出现了 7 次,义项相对稳定,都是"非得要怎样……那就……"之意,但在句中的作用却有所区别。

第一种情况:句中"必也"一词前面的句子从整体上构成了否定,"必也"后面的句子则表假设,又从局部给出例外。

3.7 子曰:"君子无所争。必也射乎!……"

前面(构成否定):君子无所争。

后面(给出例外):必也射乎!

又如:

7.11 ……子曰:"暴虎冯河,死而无悔者,吾不与也。必也临事而惧,好谋而成者也。"

19.17 曾子曰:"吾闻诸夫子:人未有自致者也,必也亲丧乎!"

13.21 子曰:"不得中行而与之,必也狂狷乎!……"

这几句也都是"必也"前构成否定,"必也"后给出例外。

第二种情况:句中"必也"一词后面的内容(肯定)定将会超越前面的内容,前面的内容已经是肯定,后面的内容在肯定基础上加以提升。

6.30 ……子曰:"何事于仁!必也圣乎!……"

前面(已经肯定):何事于仁!

后面(加以提升):必也圣乎!

12.13 子曰:"听讼,吾犹人也。必也使无讼乎!"

前面(已经肯定):听讼,吾犹人也。

后面（加以提升）：必也使无讼乎！

第三种情况：前面紧靠"必也"一词没有内容，后面内容是对该句前面内容的回答。

13.3 子路曰："卫君待子而为政，子将奚先？"子曰："必也正名乎！"……

前面（问话）：卫君待子而为政，子将奚先？

后面（回答）：必也正名乎！

实际上，本章"必也正名"同样隐含否定和假设，意即"（现在卫君未让我为政，）如果卫君让我为政，我首先要做的一定是正名"。如此，这种情况实则可以归入以上第一种情况。

以上三种情况《论语》中均有体现，是否仅限于这三种情况，笔者未做考据。下面试将以上篇章中的"必也"统一翻译如下：

3.7 "非要说有什么可争的那就是……"

6.30 "非得要讲的话那就是……"

7.11 "非得要找什么人的话那就找……"

12.13 "非要说有什么不一样那就是……"

13.21 "非得要跟什么人交往那就交……"

13.3 "非得讲个先后顺序那就是……"

19.17 "非要说轻易表露感情那就是……"

10 得而见之

古书在流传中，因为错简（这一章的内容与那一章内容相混）、缺漏（传抄过程中漏掉一些内容）、杂入（后人把自己的东西掺杂其中）、音误（字音相同或相似，导致记录者记录的时候用错字）、形误（字形相似，导致传抄者传抄的时候抄写错误），给今天的研读者带来诸多困扰。

就拿音误来说吧，6.18"质胜文则野，文胜质则史"中的"史"字很可能是"饰"的音误，又如"无得而称"和"无德而称"：

8.1 子曰："泰伯，其可谓至德也已矣。三以天下让，民无得而称焉。"

大意：老百姓真不知道如何称赞他才好。

16.12 齐景公有马千驷，死之日，民无德而称焉。……

大意：老百姓依然找不到什么德行来称颂他。

以上两章到底是"无德而称"还是"无得而称"。"德"和"得"字读音相同，可能两处都是"德"，也有可能都是"得"。

用"德"表示"德行"，"无德而称"便是"没有德行来称颂"。

用"得"表示"办法"，"无得而称"便是"没有办法来称颂"。

结合上下文来看，8.1 实为赞扬泰伯，意思是说"泰伯，真算是高风亮节了。屡次把天下让给弟弟季历，老百姓真不知道如何称赞他才好/找不到德行来称颂他"。而 16.12 则是讥讽齐景公，意思是说"齐景公生前即便拥有四千匹马，死的时候，老百姓依然找不到什么德行来称颂他/没有办法来称颂他"。

因此，"没有办法来称颂"实际上包含了"没有德行来称颂"。

因此，我猜"德"应为"得"字的音误。

再进一步研究，其实"无得而称"乃属"得而＋动词"这一连动结构。《论语》中这种结构的句子还有好几处。如：

5.13 子贡曰："夫子之文章，可得而闻也；夫子之言性与天道，不可得而闻也。"

大意：能够听懂/到。

7.26 子曰："圣人，吾不<u>得而见</u>之矣；……"子曰："善人，吾不<u>得而见</u>之矣；……"

大意：能够见到。

12.11 ……公曰："……信如君不君，臣不臣，父不父，子不子，虽有粟，吾<u>得而食</u>诸？"

大意：能够吃到。

19.24 叔孙武叔毁仲尼。子贡曰："……仲尼，日月也，无<u>得而逾</u>焉。……"

大意：能够超越。

另外，该结构中"而"做连词，意思虚化，连动结构变为状中结构（谓语动词并列）。因此，"得而称"也即"得称"，"得而闻"也即"得闻"，"得而见"也即"得见"，"得而食"也即"得食"，"得而逾"也即"得逾"。

11　可使南面

"可使"一词在《论语》中共计出现了11次,词义稳定,均为"可以让""能够让"之意。

句中凡有"可使"一词,通常省略发出行为的主语,而将宾语前置,但是宾语又分明充当着主语。如:

5.8……子曰:"由也,千乘之国,可使治其赋也,不知其仁也。"……"求也,千室之邑,百乘之家,可使为之宰也,……"……"赤也,束带立于朝,可使与宾客言也,……"

本章是说,可以让仲由负责兵役和军政工作,可以让冉求当第一行政长官,可以让公西赤接待外宾。发出行为的主语都省略掉了,作为宾语的仲由、冉求、公西赤都提到了前面,同时又都充当主语。

意思是说:仲由能够负责兵役和军政工作,冉求可以当第一行政长官,公西赤可以接待外宾。

又如:

6.1 子曰:"雍也可使南面。"

本章直译应为:能够让冉雍君临天下。作为宾语的冉雍提到了"可使"前面,而在阅读理解的时候,冉雍却又充当了主语。意思是说:冉雍有能力君临天下。

又如:

6.8 季康子问:"仲由可使从政也与?"……曰:"赐也可使从政也与?"……曰:"求也可使从政也与?"……

直译:可以让仲由(子贡、冉求)从政吗?

理解:仲由(子贡、冉求)有能力从政吗?

又如:

8.9 子曰:"民可使由之,不可使知之。"

直译:能够让老百姓知其然,不能够让(老百姓)知其所以然。

理解:老百姓容易做到知其然,(老百姓)不容易做到知其所以然。

还有一种情况是,主语明确,宾语省略或后置。如:

11.26 子路、曾晳、冉有、公西华侍坐。……子路率尔而对曰:"……由也为之,比及三年,可使有勇,且知方也。"……"方六七十,如五六十,求也为之,比及三年,可使足民。……"……

本章"可使有勇"是说"我可使(民)有勇","我"也即仲由做主语。宾语"民"被省略了。"可使足民"是说"我可使民足","我"亦即冉求做主语,宾语"民"后置。

12　何有于我

"何有"一词大体上有两种用法，一为"于……何有"，表示"干什么事不难"。

6.8 季康子问："仲由可使从政也与？"子曰："由也果，于从政乎何有？"曰："赐也可使从政也与？"曰："赐也达，于从政乎何有？"曰："求也可使从政也与？"曰："求也艺，于从政乎何有？"

以上三处"何有"句，表示仲由（子路）、端木赐（子贡）、冉求（冉有）从政有什么难的（算得了什么）呢？

13.13 子曰："苟正其身矣，于从政乎何有？……"

可译为"要是端正了自己，搞政治有什么难的呢"？

一为"何有于"，表示"都做到了哪些"。

7.2 子曰："默而识之，学而不厌，诲人不倦，何有于我哉？"

这是孔子自省，自问："默而识之，学而不厌，诲人不倦"这三件事情自己都做到了哪些呢？

9.16 子曰："出则事公卿，入则事父兄，丧事不敢不勉，不为酒困，何有于我哉？"

同 7.2 一样，孔子自问：以上这几个方面，自己都做到了哪些？

"何有"单独使用时，属于"于……何有"的省略性用法。

4.13 子曰："能以礼让为国乎，何有？……"

本章"何有"实为"于为国乎何有"。整句理解应为：如果能用礼让治国，那么治国又有什么难的呢？

47

13 不可不知

整部《论语》里面,"不可"一词共计出现42次,包括"不可以"7次。

其中"不可"共有两个义项,一个是表示倾向性态度、意见的,意即"不可以""不应该",例如:

3.1 孔子谓季氏,"八佾舞于庭,是可忍也,孰不可忍也?"

4.21 子曰:"父母之年,不可不知也。……"

9.26 子曰:"三军可夺帅也,匹夫不可夺志也。"

……

另一个义项是表示能力的,意即"不能够""办不到""难以做到",例如:

1.12 有子曰:"……不以礼节之,亦不可行也。"

5.13 子贡曰:"夫子之文章,可得而闻也;夫子之言性与天道,不可得而闻也。"

8.9 子曰:"民可使由之,不可使知之。"

……

做这样的区分和辨析,是为了方便理解8.9"民可使由之,不可使知之"和9.26"三军可夺帅也,匹夫不可夺志也"这样的疑难篇章。

前者是说"老百姓可以做到让他们知其然,难以做到让他们知其所以然",这是就教和学的能力而言;后者是说"万万不可剥夺平民百姓的志向",这是就倾向性态度而言。

同样,"不可以"也有两个义项。

其实,"不可以"和"不可"的用法完全一样,一个表示态度,例如:

8.7 曾子曰:"士不可以不弘毅,任重而道远。……"

13.15 定公问:"一言而可以兴邦,有诸?"孔子对曰:"言不可以若是其几也。……"

另一个表示能力，例如：

4.2 子曰："不仁者不可以久处约，不可以长处乐。……"

6.21 子曰："……中人以下，不可以语上也。"

13.22："南人有言曰：'人而无恒，不可以做巫医'善夫！"

有了这样的区分，相信今后再理解《论语》相关篇章定会事半功倍，并且在阅读其他典籍的时候也有帮助。

14 如有王者

"如有"这个词在《论语》里面大致有三个义项。为了使句子翻译更加逼近讲话者当时的语气,部分篇章笔者会选用同义词来代替。

一可解为"如果",表示假设的存在。如:

6.9……闵子骞曰:"……如有复我者,则吾必在汶上矣。"

这里是说"要是有人再来找我"。笔者用"要是"代替"如果"。

6.30 子贡曰:"如有博施于民而能济众,何如?可谓仁乎?"……

这里是说"假设能够广泛地帮助百姓、周济大众"。笔者用"假设"代替"如果"。

9.11 颜渊喟然叹曰:"仰之弥高,钻之弥坚。瞻之在前,忽焉在后。夫子循循然善诱人,博我以文,约我以礼,欲罢不能。既竭吾才,如有所立卓尔。虽欲从之,末由也已。"

这里是说"一旦/万一老师又有了新的建树"。笔者用"一旦/万一"代替"如果"。

17.5 ……子曰:"……如有用我者,吾其为东周乎?"

这里是说"如果有人用我"。

二可解为"即使""即便",表示假设的让步,后面常用"也"呼应,说出结论。如:

8.11 子曰:"如有周公之才之美,使骄且吝,其余不足观也已。"

这里是说"就算才能和美德堪比周公,一旦骄傲而吝啬",也……

13.12 子曰:"如有王者,必世而后仁。"

这里是说"即便王者再世",也……。

15.25 子曰:"吾之于人也,谁毁谁誉?如有所誉者,其有所试矣。……"

这里是说"但凡讲谁好话",也……。笔者用"但凡"代替"即便"。

三可解为"好像""似乎",表示貌似,有仿佛、好像、不确定的意思。如:

10.5 ……勃如战色,足躩躩如有循。……

这里是说"走路时后脚趾紧挨着前脚跟,就好像踩着某条线在走"。

综上所述,"如有"一词无论表示假设的存在,还是假设的让步,还是貌似,都只是假设的,事情并非真的有所发生。

15　不如己者

"不如"一词在《论语》中有两个义项。一个是"不像""不相同""不相似",这是就事物表面现象而言的,例如:

1.8 子曰:"……主忠信,无友不如己者。……"

5.28 子曰:"十室之邑,必有忠信如丘者焉,不如丘之好学也。"

另一个是"不及""赶不上""达不到",这是就能力或程度而言的。例如:

3.5 子曰:"夷狄之有君,不如诸夏之亡也。"

3.6……子曰:"呜呼!曾谓泰山不如林放乎?"

6.20 子曰:"知之者不如好之者,好之者不如乐之者。"

9.23 子曰:"后生可畏,焉知来者之不如今也?"……

19.20 子贡曰:"纣之不善,不如是之甚也。……"

辨析"不如",重点用于研读 1.8、3.5 这样的篇章。

16　子谓颜渊

研读《论语》，尤需注意词句之间的细微差别。比如"……谓……"是指"……评价……"，而"（……）谓……曰"则是"（……）对……说"。

3.1 孔子谓季氏，"八佾舞于庭，是可忍也，孰不可忍也？"

3.25 子谓韶，"尽美矣，又尽善也。"谓武，"尽美矣，未尽善也。"

5.1 子谓公冶长，"可妻也。……"以其子妻之。

5.2 子谓南容，"邦有道，不废；邦无道，免于刑戮。"以其兄之子妻之。

5.3 子谓子贱，"君子哉若人！……"

5.16 子谓子产，"有君子之道四焉……"

13.8 子谓卫公子荆，"善居室，始有，曰：'苟合矣。'少有，曰：'苟完矣。'富有，曰：'苟美矣。'"

以上各章均为孔子对他人做评价，引号内的话就是对那人的评价内容。评价的人和被评价的人一定会出现在句子中，例如"孔子谓季氏""子谓韶"，明确指出是"孔子评价季氏""孔子评价《韶》乐"；但被评价的人不一定在现场，可能是当面评价，更有可能是背地里评价。

"（……）谓……曰"都是"……对……说"，并且对话双方必定都在现场。

3.6 ……子谓冉有曰："女弗能救与？"……

5.9 子谓子贡曰："女与回也孰愈？"……

6.6 子谓仲弓，曰："犁牛之子骍且角；虽欲勿用，山川其舍诸？"

14.32 微生亩谓孔子曰："丘何为是栖栖者与？无乃为佞乎？"……

18.10 周公谓鲁公曰："君子不施其亲，不使大臣怨乎不以。……"

19.25 陈子禽谓子贡曰："子为恭也，仲尼岂贤于子乎？"……

以上各章说话者均出现在句中，如"子谓冉有曰""陈子禽谓子贡曰"的说话者分别是孔子和陈子禽。

2.21 或谓孔子曰:"子奚不为政?"……

本章说话者用"或"字来表示"有人",整句意即"有人问孔子"。

17.1 阳货欲见孔子,……谓孔子曰:"来!予与尔言。"……

本章"谓孔子曰"一句中的说话者省略了,但根据上下文可以读出来,说话者就是阳虎。

需要特别注意的是下面这章,单从说话内容来看,很像是孔子评价颜渊,但是前面多了这个"曰"字,就变成了当面诉说。

9.21 子谓颜渊,曰:"惜乎!吾见其进也,未见其止也。"

唐写本郑玄注解本章:"颜渊病,孔子往省之,故发此言,痛惜之甚。"笔者认为郑玄的理解只对了一半。根据"惜乎"二字,可以推测颜渊不只是病了,而是死了。孔子面对死了的颜渊悲痛叹息,言下之意:你这么好学的一个人,我只见你一直进步,从未见你停止不前,你怎么就死了呢?因此,这绝不是背地里的评价,而是当面诉说。

17 何用不臧

"何用""何足""何敢"三个词都较容易理解。何用、何足都是"怎会""怎能"的意思，该词与后面所接内容一起，表示肯定，"何用不臧"就是"怎会不好呢""怎能不好呢"，意即很好；"何足以臧"就是"怎会好得起来""怎能好得起来"，意思是肯定好不起来。如：

9.27 子曰："衣敝缊袍，与衣狐貉者立，而不耻者，其由也与？'不忮不求，何用不臧？'"子路终身诵之。子曰："是道也，何足以臧？"

大意：不嫉妒，不贪图，怎能不好？｜就这么点儿出息，怎会好得起来？

何敢就是"怎能""哪敢"的意思，该词与后面所接内容一起，表示否定。如：

5.9 子谓子贡曰："女与回也孰愈？"对曰："赐也何敢望回？回也闻一以知十，赐也闻一以知二。"子曰："弗如也；吾与女弗如也。"

大意：我端木赐怎能和颜回比？

11.23 子畏于匡，颜渊后。子曰："吾以女为死矣。"曰："子在，回何敢死？"

大意：我颜回哪敢死？

相比而言，"如……何"中间多接"之"字，也就是"如之何"，理解、翻译往往需要根据上下文来定。

（1）可以表示建议"怎么样"。如：

11.14 鲁人为长府。闵子骞曰："仍旧贯，如之何？何必改作？"……

大意：原样翻修，怎么样？

（2）也可以表示询问"怎么办"。如：

2.20 季康子问："使民敬、忠以劝，如之何？"……

大意：若要"使民敬、忠以劝"，怎么办才好？

9.24 子曰："……说而不绎，从而不改，吾末如之何也已矣。"

大意：我也不知道怎么办了。

15.16 子曰："不曰'如之何，如之何'者，吾末如之何也已矣。"

大意：不常念叨"怎么办，怎么办"的人，我也不知道拿他怎么办了。

（3）也可以紧接前面话题，表示个人意见"怎能＋话题"。如：

9.14 子欲居九夷。或曰："陋，如之何？"……

大意：那个地方太过偏远闭塞了，怎能居住？

（4）也可以表示质问"怎么说""怎么解释"。如：

17.7 佛肸召，子欲往。子路曰："昔者由也闻诸夫子曰：'亲于其身为不善者，君子不入也。'佛肸以中牟畔，子之往也，如之何？"……

大意：（您）怎么解释？

（5）还可以表示否定"怎么能""怎么可以"。如：

11.22 子路问："闻斯行诸？"子曰："有父兄在，如之何其闻斯行之？"

大意：怎么可以听说某事就干起来呢？

18.7 ……子路曰："不仕无义。长幼之节，不可废也；君臣之义，如之何其废之？……"

大意：君臣之间的大义又怎么能够废弃呢？

中间除了接"之"字，还可以直接接宾语，这种情况下，该句式前面往往有主语，整个句式变为"主语＋其＋如＋宾语＋何"，表示反问"主语能把宾语怎么样"，如：

14.36 ……子曰："道之将行也与，命也；道之将废也与，命也。公伯寮其如命何！"

大意：公伯寮能把天命怎样！

当中间所接宾语为"予"即"如予何"，就和"其奈我何"一个意思，表示反问"你能把我怎么样"。

7.23 子曰："天生德于予，桓魋其如予何？"

大意：桓魋又能把我怎么样？

9.5 子畏于匡，曰："文王既没，文不在兹乎？天之将丧斯文也，后死者不得与于斯文也；天之未丧斯文也，匡人其如予何？"

大意：匡地人又能把我怎么样？

18　何以报德

通常来讲,"何以"就是"以何",也就是"怎样""用什么""靠什么""拿什么""凭借什么"的意思。如:

2.7 ……子曰:"……不敬,何以别乎?"

这是说"用什么区别"呢?(有什么分别呢?)

2.22 子曰:"……大车无輗,小车无軏,其何以行之哉?"

这是说"靠什么行走呢"?

3.26 子曰:"居上不宽,为礼不敬,临丧不哀,吾何以观之哉?"

这是说"拿什么观察呢"?

上面"何以",后接动词谓语。后面也可以什么都不接,直接作为谓语(和宾语)。如:

11.26 子路、曾晳、冉有、公西华侍坐。子曰:"……如或知尔,则何以哉?"……

这是说"(你们)怎样"?(你们都想干什么呢?)

另外,"何以"还有"为什么""干吗"的意思,表示疑问。如:

12.8 棘子成曰:"君子质而已矣,何以文为?"……

这是说(君子有美的本质就好了,)"为什么还要那些文采(仪节、形式)?"

16.1 ……孔子曰:"求!无乃尔是过与?夫颛臾,昔者先王以为东蒙主,且在邦域之中矣,是社稷之臣也。何以伐为?"……

这是说"为什么(干吗)攻打他"?

当然,两种词意也有重合的时候,既可解为"凭什么",也可解为"为什么"。如:

5.15 子贡问曰:"孔文子何以谓之'文'也?"……

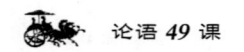

这里既可以理解为"孔文子凭什么死后得到'文'这个谥号",又可以解为"孔文子为什么死后得到'文'这个谥号"。

当然区别还是有的,解为"凭什么",侧重于追问孔文子得到"文"这个谥号的各项前提和条件,而解读为"为什么",侧重于追问孔文子得到"文"这个谥号的原因。

不过结合孔子回答的内容来看,这里解为"凭什么"更加贴切,因此这种情况可以归结到上面所讲的第一种情况下面。

第三篇 思想之光

19　学习之道

整部《论语》，孔子论及了学习的方方面面。从哲学角度上讲，孔子论学涉及本体论、价值论、认识论及方法论四个层面，具体包含以下几个方面：

一、价值

2.15 子曰："学而不思则罔，思而不学则殆。"

本章既是讲学习的重要性，也是讲学习的方法，即学习和思考相结合。因为单纯地思考而不学习很危险，因此必须有思也有学。

15.31 子曰："吾尝终日不食，终夜不寝，以思，无益，不如学也。"

本章可以作为2.15"思而不学则殆"的注脚：整天不吃不喝、不睡不眠，就为思考，但并无助益。孔子得出的结论是"不如学"。《荀子·劝学》开宗明义，上来就是"学不可以已"，意思是学习是不能停止的；另外"吾尝终日而思矣，不如须臾之所学也"当是对本章的化用。

17.8 子曰："由也！女闻六言六蔽矣乎？"对曰："未也。""居！吾语女。好仁不好学，其蔽也愚；好知不好学，其蔽也荡；好信不好学，其蔽也贼；好直不好学，其蔽也绞；好勇不好学，其蔽也乱；好刚不好学，其蔽也狂。"

伴随"六言"而产生的"六弊"，皆是因"不好学"所致。如果好学，就可以消除这六弊。这里学习主要用以调和六言的弊端，使得"六言六弊"变为"六言六利"。

以上是就学习的价值而言，孔子从学思关系以及学习调和六言两个方面，论述了学习的至关重要性。当然前提必须有学，不学也就难以明白。就如《学记》所言：

虽有嘉肴，弗食，不知其旨；虽有至道，弗学，不知其善也。

二、目的

14.24 子曰："古之学者为己，今之学者为人。"

在孔子眼里，古人学习完全是为了提升自我修养，而同时代的这些人学习却是为了获得别人的认可。用我们今天的话来说，古人学习的目的非常单纯，孔子同时代的人则是学给别人看的。表面上看来，本章孔子没有倾向性的态度，也就是说孔子并没有明确地赞同谁反对谁，但是结合整部《论语》进行观照，例如 6.11 "一箪食，一瓢饮，在陋巷，人不堪其忧，回也不改其乐"，7.19 "发愤忘食，乐以忘忧，不知老之将至云尔" 等，便可知孔子是赞同古人的学习态度的。古人学习是以无目的为目的。无目的，是说从不考虑过多的利益问题，读书学习只为完善自我，提升自身道德修养。

孔子的这种思想在今天还有现实意义吗？当然有了。学习是为了提升自己，增强自身的能力，提高自身的水平，丰富自己的精神世界，充实自己的头脑，完善自我道德，形成正确的价值观、人生观和世界观。要知道学习从来就不是学给别人看的，但是努力学习了却能让别人看到。不是有那么一句话吗？是金子总会发光的，当你将自己变成金子而光芒四射的时候，纵使你不想让别人看到，别人也总会发现的。

19.7 子夏曰："百工居肆以成其事，君子学以致其道。"

相比孔子，子夏讲得更直白，所谓"学以致其道"也就是为自己而学，为了领悟人生大道而学。

三、好学

1.14 子曰："君子食无求饱，居无求安，敏于事而慎于言，就有道而正焉，可谓好学也已。"

5.15 子贡问曰："孔文子何以谓之'文'也？"子曰："敏而好学，不耻下问，是以谓之'文'也。"

5.28 子曰："十室之邑，必有忠信如丘者焉，不如丘之好学也。"

8.13 子曰："笃信好学，守死善道。危邦不入，乱邦不居。天下有道则见，无道则隐。邦有道，贫且贱焉，耻也；邦无道，富且贵焉，耻也。"

8.17 子曰："学如不及，犹恐失之。"

19.5 子夏曰："日知其所亡，月无忘其所能，可谓好学也已矣。"

好学，即喜欢学习。孔子主张好学。他自己也是好学之人，因此才会说出即便十户人家的小地方，也有像他这样忠诚可靠的人，只是不像他那样爱学习而已。

怎样才算好学呢？比如做到 1.14 "食无求饱，居无求安，敏于事而慎于言，就有道而正焉"，8.17 "学如不及，犹恐失之"，19.5 "日知其所亡，月无忘其所能"。

四、博学

一个人只有做到好学，才能达到博学。博学，就是广博学习。唯有博学，也才能够做到兼容并包。

2.12 子曰："君子不器。"

无论多么完美、实用的器物，其用途也不会很大。君子不器是说，君子不可将自己变成某种器物，只能这样，不能那样；学习也一样，不可只知其一不知其二。

6.27 子曰："君子博学于文，约之以礼，亦可以弗畔矣夫！"

19.6 子夏曰："博学而笃志，切问而近思，仁在其中矣。"

12.15 子曰："博学于文，约之以礼，亦可以弗畔矣夫！"

以上三章均强调博学。相传子思所作《中庸》上讲："博学之，审问之，慎思之，明辨之，笃行之。"无论孔子、子夏、子思，都主张博学。

我们今天主张博而专，博是基础，专是发展。

9.2 达巷党人曰："大哉孔子！博学而无所成名。"子闻之，谓门弟子曰："吾何执？执御乎？执射乎？吾执御矣。"

面对达巷党人的嘲讽，孔子通过设喻的方式阐明自己的博学主张。古代战车，射手和御手相互配合，射手是瞄准某个目标射，盯着的是一个点，御手是拉着射手到处跑,唯有驾车到处跑,才能找到合适的目标。御手比喻博学,射手比喻专而精。孔子是说,相比专而精的射手,他更愿意做个博学的御手。

五、活学

学习得讲究方式方法,万不可死学。提问也好,学习也好,方法不同,结果也就大不一样。唯有活学,方能事半功倍。

(一) 一以贯之

4.15 子曰:"参乎!吾道一以贯之。"曾子曰:"唯。"子出,门人问曰:"何谓也?"曾子曰:"夫子之道,忠恕而已矣。"

15.3 子曰:"赐也,女以予为多学而识之者与?"对曰:"然,非与?"曰:"非也,予一以贯之。"

学东西不是说学得多就好,博学只是前提,关键在于能够用一条核心线索将学到的零散知识贯穿起来,做到融会贯通。

(二) 类比迁移

1.15 子贡曰:"贫而无谄,富而无骄,何如?"子曰:"可也;未若贫而乐,富而好礼者也。"子贡曰:"《诗》云:'如切如磋,如琢如磨',其斯之谓与?"子曰:"赐也,始可与言《诗》已矣,告诸往而知来者。"

3.8 子夏问曰:"'巧笑倩兮,美目盼兮,素以为绚兮。'何谓也?"子曰:"绘事后素。"曰:"礼后乎?"子曰:"起予者商也!始可与言《诗》已矣。"

在孔子看来,子贡和子夏都善于类比迁移。子贡能够从"贫而无谄,富而无骄"及"贫而乐,富而好礼"这样的话题迁移到《诗经》中的"如切如磋,如琢如磨",因此孔子认为可以和他谈论《诗经》,赞其"告诸往而知来者";子夏也能够从"绘事后素"这一话题迁移到"礼后(于仁)",因此孔子认为子夏能够启发他,可以和子夏谈论《诗经》。

学习讲究一通百通,懂得一点,也要懂得与之相似、相类的其他点。

(三）举一反三

5.9 子谓子贡曰："女与回也孰愈？"对曰："赐也何敢望回？回也闻一以知十，赐也闻一以知二。"子曰："弗如也；吾与女弗如也。"

子贡和颜回智商都非常高，都是懂得变通之人。但颜回明显高于子贡，因为颜回能够做到举一反十，子贡只能做到举一反二。我们今天所说的"举一反三"典出 7.8 "不愤不启，不悱不发。举一隅不以三隅反，则不复也"。学习若不能够做到举一反三，那就只能学一点是一点了，没有学过的也就不会懂得，也就难以将所学知识用于实践了。

(四）择善而从

1.14 子曰："君子食无求饱，居无求安，敏于事而慎于言，就有道而正焉，可谓好学也已。"

4.17 子曰："见贤思齐焉，见不贤而内自省也。"

7.22 子曰："三人行，必有我师焉：择其善者而从之，其不善者而改之。"

7.28 子曰："盖有不知而作之者，我无是也。多闻，择其善者而从之；多见而识之；知之次也。"

"就有道而正"讲的是正身和正心；"择其善者而从之，其不善者而改之"讲的是善于从正反两个方面去学习，任何人身上都有值得学习的地方，都可作为我们的老师；"见贤思齐，见不贤而内自省也"讲的是学习的主观愿望以及善于进行自我反思。

(五）温故知新

2.11 子曰："温故而知新，可以为师矣。"

温故不是目的，只是手段、路径，知新才是目的。学习方法很多，温故是其中一种，而且是很有效的学习方法，关键在于能够从温故中获得新知。

(六）学思结合

2.15 子曰："学而不思则罔，思而不学则殆。"

光思考不学习不行，好比你现在还像达摩祖师一样，躲在山洞里面壁思过，参禅打坐，而且一坐就是七年，等你从山洞里出来的时候，估计你会感觉来到了另外一个世界；同样光学习不思考也不行，好比你每日三餐大鱼大肉，但一点也不消化，吃什么拉什么，吃了等于没吃，岂非学了等于没学？所以还需学思结合才行。

（七）不耻下问

5.15 子贡问曰："孔文子何以谓之'文'也？"子曰："敏而好学，不耻下问，是以谓之'文'也。"

8.5 曾子曰："以能问于不能，以多问于寡；有若无，实若虚；犯而不校——昔者吾友尝从事于斯矣。"

不耻下问，讲的是学习的态度。一个人只有做到不耻下问，也才能够做到"以能问于不能，以多问于寡"，也才能够做到博学多识。毕竟一个人不可能全知全能，任何人总有不如人的地方，因此每个人身上都有值得我们学习的地方。13.4 樊迟请学稼，孔子就说"吾不如老农"；樊迟请学为圃，孔子就说"吾不如老圃"。

另外，不耻下问也是一个人道德修养的体现，属于中华传统美德之一。

（八）质疑考察

15.28 子曰："众恶之，必察焉；众好之，必察焉。"

学贵能疑。《孟子·尽心下》上讲："尽信书，则不如无书。"宋朝的著名理学家和教育家陆九渊在其《政之宽猛孰先论》中也说："尽信书不如无书。"也就是说，学习要善于质疑，不能照单全收，什么都信。具体到生活中，对大家都厌恶和喜欢的人、事、物，必须亲自考察，方可下结论，以便采取进一步行动。

（九）实践印证

1.1 子曰："学而时习之，不亦说乎？有朋自远方来，不亦乐乎？人不知而不愠，不亦君子乎？"

1.4 曾子曰："吾日三省吾身——为人谋而不忠乎？与朋友交而不信乎？传不习乎？"

学习不但要懂得质疑，进行考察，还要善于拿到生活中去实践印证。即便自己传授给别人的知识，也要经过实践验证，否则就是不负责任的表现。

（十）学无常师

19.22 卫公孙朝问于子贡曰："仲尼焉学？"子贡曰："文武之道，未坠于地，在人。贤者识其大者，不贤者识其小者。莫不有文武之道焉。夫子焉不学？而亦何常师之有？"

孔子学习什么、向谁学习、怎样学习，《论语》中甚少提及，提得最多的还是孔子的好学和乐学。通过本章子贡的讲述，可知孔子实际上学无常师，亦即1.14"就有道而正焉"，4.17"见贤思齐焉，见不贤而内自省也"，7.22"三人行，必有我师焉"，这是就学习对象而言；另外，一切值得学、需要学的知识也都可以学，这是就学习内容而言，本章特指子贡所讲的"文武之道"。

六、乐学

6.11 子曰："贤哉，回也！一箪食，一瓢饮，在陋巷，人不堪其忧，回也不改其乐。贤哉，回也！"

6.20 子曰："知之者不如好之者，好之者不如乐之者。"

7.19 叶公问孔子于子路，子路不对。子曰："女奚不曰，其为人也，发愤忘食，乐以忘忧，不知老之将至云尔。"

好学不难，博学也不难，毕竟好学可以假装，博学也可以冒充，若能像颜回和孔子那样做到以学为乐，至于"乐以忘忧，不知老之将至"，学习还有什么难的呢？都说兴趣是最好的老师，能够做到对一件事情产生兴趣，也就能够做到以之为乐了。

七、有恒

6.7 子曰:"回也,其心三月不违仁,其余则日月至焉而已矣。"

7.2 子曰:"默而识之,学而不厌,诲人不倦,何有于我哉?"

7.34 子曰:"若圣与仁,则吾岂敢?抑为之不厌,诲人不倦,则可谓云尔已矣。"公西华曰:"正唯弟子不能学也。"

9.19 子曰:"譬如为山,未成一篑,止,吾止也。譬如平地,虽覆一篑,进,吾往也。"

13.22 子曰:"南人有言曰:'人而无恒,不可以作巫医。'善夫!""不恒其德,或承之羞。"子曰:"不占而已矣。"

以上各章是说,学贵有恒。恒即恒心,坚持不懈,持之以恒。颜回因为有恒,所以能够做到"其心三月不违仁";孔子因为有恒,所以能够做到"学而不厌,诲人不倦"。

其中9.19孔子用堆山和填坑比喻坚持和放弃产生的不同结果:一旦放弃,哪怕只差最后一筐土,山也没能堆成;只要坚持,再大的坑都能填平。这和《荀子·劝学》所讲"积土成山,风雨兴焉;积水成渊,蛟龙生焉;积善成德,而神明自得,圣心备焉。故不积跬步,无以至千里;不积小流,无以成江海。骐骥一跃,不能十步;驽马十驾,功在不舍。锲而舍之,朽木不折;锲而不舍,金石可镂。蚓无爪牙之利,筋骨之强,上食埃土,下饮黄泉,用心一也。蟹六跪而二螯,非蛇鳝之穴无可寄托者,用心躁也"有着相通之处。积累也好,用心专一也好,实质上都是有恒的表现。

八、其他

(一)做学合一

孔子及弟子眼中,什么是学习?学习除了"为己"还为什么?

1.6 子曰:"弟子入则孝,出则悌,谨而信,泛爱众,而亲仁。行有余力,则以学文。"

1.7 子夏曰："贤贤易色；事父母，能竭其力；事君，能致其身；与朋友交，言而有信。虽曰未学，吾必谓之学矣。"

19.13 子夏曰："仕而优则学，学而优则仕。"

纵观《论语》，可知孔子主张学习最终是为了从政。需要说明的是，孔子希望从政和今天很多人希望从政大不相同：孔子希望从政，是为了推行仁政，为天下百姓谋取福祉；今天很多人希望从政则是为了获取功名利禄。除开学习，孔子还注重实际行动，工作之后，学习则宜放在行动之余且有空闲的时候。子夏很好地继承了孔子这一主张，他也认为"仕而优则学，学而优则仕"，亦即"做官要是还有余力就去学习，学习要是学到位就从政"；另外如果能够做到对妻子"贤贤易色"、侍奉父母"能竭其力"、服事国君"奋不顾身"、结交朋友"说到做到"，其本身也就是学习。这也就是在做中学、学中做，引而申之，就是知行合一。否则，学了也等于白学，做了很多时候也是不够恰当的。所以说学习绝不只是一味地学习文化知识，更为重要的是，在为人处世中修养自己。好比《红楼梦》所说："世事洞明皆学问，人情练达即文章。"

（二）有所禁忌

9.4 子绝四——毋意，毋必，毋固，毋我。

本章讲的是做人的道理，同样适用于对待学习的态度。毋意是不臆测；毋必是不绝对；毋固是不拘泥；毋我是不自我。本章可对照上面"质疑考察"进行理解。

19.4 子夏曰："虽小道，必有可观者焉；致远恐泥，是以君子不为也。"

走路走大路，学习也需舍弃小道而就大道，尤其远离旁门左道。所谓"近朱者赤近墨者黑"，无论学习内容，还是学习对象，均当有所取舍。

20　教育思想

孔子是伟大的教育家，这是毋庸置疑的。我们甚至可以说，整部《论语》都是记录孔子如何开展教育教学，体现孔子高明教育思想的。

一、坚定信念

15.39 子曰："有教无类。"

孔子对教育有着坚定的信念，具有坚实的哲学基础：有教无类。意思是说通过教育可以消除人与人之间的差距。

7.20 子曰："我非生而知之者，好古，敏以求之者也。"

16.9 孔子曰："生而知之者，上也；学而知之者，次也；困而学之，又其次也；困而不学，民斯为下矣。"

孔子以博学知名，也许有人以为他是生而知之，他故而有此说明。古代只有天子、诸侯、卿大夫以及士等才有机会接受教育。可是大多数人并不比这些人智力低下，他们也应受到教育，也可通过教育缩短与这些人之间的距离，从而消除等差。

17.2 子曰："性相近也，习相远也。"

人与人之间先天本没有多少区别，因为后天不同，便相距甚远。这是就外部环境而言，强调人可以通过后天努力改变自己。

17.3 子曰："唯上知与下愚不移。"

人的自然素质差别不大，差别都是后面习染和教育造成的。因此人人都可以通过教育来改变自己，这一点孔子坚信无比，毕竟接受教育的自觉性、积极性只在上智和下愚那里才会表现出较大的差距来。大多数人既非上智，也非下愚，多属于中人，上智之人和下愚之人不容易改移其上智和下愚，但中人却可以通过教育提高自己、完善自我。

二、教学主张

1.1 子曰："学而时习之，不亦说乎？有朋自远方来，不亦乐乎？人不知，而不愠，不亦君子乎？"

笔者在"文本互证"一课对此做过详细论述，认为本章是《论语》的思想总纲，也是孔子教育教学的核心思想：

1. "学而时习之"也就是我们今天所说的"学以致用，学习要实践"；

2. "有朋自远方来"也就是我们今天所说的"自主、合作、探究式学习"；

3. "人不知而不愠"也就是我们今天所说的"教学相长"，在教中学，在学中教。这也就是《学记》中所讲的"学学半"。

三、教育对象

通常大家都把"有教无类"理解为孔子打破门第的限制，只要"自行束脩以上"，人人都可成为他的弟子，并且视为孔子创办私学的教育方针。

7.7 子曰："自行束脩以上，吾未尝无诲焉。"

实际上孔子并非人人都教，他收学生还是有限制的，便是"自行束脩以上"。不是大家通常理解的"主动送上一束干肉"，而是说要"十五周岁（男子束发的年龄）以上"。

孔子有这种要求，想必和他自己"十有五而志于学"有关。也有可能是孔子认为满十五周岁才到学习的年龄，才能做好学习的准备。

四、教学内容

7.25 子以四教：文，行，忠，信。

这里是说孔子教学有四项重点：文献知识、行为规范（生活实践）、忠于

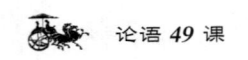

职守、言而有信。实际上，礼、乐、射、御、书、数完全可以归并到文、行、忠、信中。总之孔子教学必有所本，想必本于他的"述而不作，信而好古"。

五、循循善诱

这也就是我们所说的启发式教育。

（一）找准时机

7.8 子曰："不愤不启，不悱不发，举一隅不以三隅反，则不复也。"

不愤不启，不悱不发，强调的是时间、时机问题。好为人师，但也得讲究教育教学的技巧。学生不到心求通而不得，不要忙着去开导他；不到口欲言而未能，不要忙着去启发他。一定要留给学生充足的时间，让他们先自己思考、探究。孔子的这一教育思想在今天尤其具有现实意义。比如从事阅读教育，一定要留给学生充足的时间阅读文本；在学生未读文本之前，不要忙着指手画脚。老师应当在学生的疑处发力，正所谓该出手时就出手。另外本章还提供了一条学习思路——举一反三。也就是说，学习要知变通，切忌死学到底。

（二）掌握方法

9.8 子曰："吾有知乎哉？无知也。有鄙夫问于我，空空如也。我叩其两端而竭焉。"

本章属于孔子自曝如何启发学生，同时说明启发也有方法可循，那便是从问题的正反两个方面加以叩问。

（三）循序渐进

9.11 颜渊喟然叹曰："仰之弥高，钻之弥坚。瞻之在前，忽焉在后。夫子循循然善诱人，博我以文，约我以礼，欲罢不能。既竭吾才，如有所立卓尔。虽欲从之，末由也已。"

本章颜渊讲述孔子如何启发他，如何在学习过程中对他循循善诱，并且指出孔子以文为教学内容之一,以礼规范学生行为。

(四) 类比联想

3.8 子夏问曰:"'巧笑倩兮,美目盼兮,素以为绚兮。'何谓也?"子曰:"绘事后素。"曰:"礼后乎?"子曰:"起予者商也!始可与言《诗》已矣。"

本章一问一答一应,建立起了诗、画、礼三者之间的联系。子夏原本请教"巧笑倩兮,美目盼兮,素以为绚兮"到底何意,孔子则答以绘画程序"绘事后(于)素",子夏从孔子的回答中领悟出"礼后(于仁)"。针对子夏的问题,孔子并未直接告诉他答案,而是将其迁移到绘画上。得到孔子的回答,子夏并不满足,而是联想到平时所学,借此领悟出礼和仁这对关系是礼以仁为前提。孔子教学,实在灵活高效。

5.9 子谓子贡曰:"女与回也孰愈?"对曰:"赐也何敢望回?回也闻一以知十,赐也闻一以知二。"子曰:"弗如也;吾与女弗如也。"

如同 3.8,本章同样属于间接体现孔子巧妙启发、引导学生的记录,而且体现得非常充分。另外本章中的"闻一以知十""闻一以知二"两句又和 7.8 中的"举一隅不以三隅反,则不复也"形成照应,意在肯定迁移的价值。迁移除了逻辑推理以外,更多地体现为类比联想。孔子注重形象思维,相比于逻辑推理,更加强调类比联想。孔子原本只是问子贡他和颜回相比谁更强一些。子贡认为颜回远远胜过自己,子贡借助具象化的数字打了一个形象的比方,说颜回听懂一个道理就能领悟出十个相关道理,他端木赐听懂一个道理顶多只能领悟出两个相关道理。孔子听到以后,立马同意了子贡的看法。孔子的这一反应至少包含了两个层面意思:表层意思是赞扬子贡谦虚、颜回优秀,里层意思就是本课要讲的,学习要善于做类推,懂得举一反三。

六、教学形式

(一) 身教

身教,亦即亲自示范。《论语·乡党篇第十》几乎全是孔子亲自践行礼仪,同时也可作为弟子们学习礼仪的参考书。言传不如身教,榜样的力量不容忽视。孔子为人师表，首先对自己有着超高的要求，毕生致力于推行仁政、恢复周礼、导人向善。弟子们首先受到孔子的精神濡染，其次才是跟随老师学习各种知识以及为人处世、从政为官之道。

（二）言传

孔子一生讲过很多话，不可能都被记录下来。记录下来的微乎其微，但也足以启发众弟子以及今天的学子。

1.3 子曰："巧言令色，鲜矣仁！"（17.17 重出）

1.16 子曰："不患人之不己知，患不知人也。"

2.2 子曰："《诗》三百，一言以蔽之，曰：'思无邪'。"

2.17 子曰："由！诲女知之乎！知之为知之，不知为不知，是知也。"

4.15 子曰："参乎！吾道一以贯之。"……

15.3 子曰："赐也，女以予为多学而识之者与？"对曰："然，非与？"曰："非也，予一以贯之。"

以上摘引《论语》部分篇章，或出自某次课堂实录，或出自解开弟子疑惑，或出自私下耳提面命。就其形式，均可视为言传。这种言传的一大特征体现为自说自话，又或者自认为（揣测）他人不懂，需要由自己主动告诉他。上引 2.17、4.15、15.3 属于后者，其他各章属于前者。

（三）问答

问答，有问，也有答。孔子根据学生的问题有针对性地回答，借此实施教学。问答同样属于言传，但效果要比单纯的言传好，更可体现"不愤不启，不悱不发"。

2.13 子贡问君子。子曰："先行其言而后从之。"

2.23 子张问："十世可知也？"子曰："殷因于夏礼，所损益，可知也；周因于殷礼，所损益，可知也。其或继周者，虽百世，可知也。"

11.16 子贡问："师与商也孰贤？"子曰："师也过，商也不及。"曰："然则师愈与？"子曰："过犹不及。"

12.4 司马牛问君子。子曰："君子不忧不惧。"曰："不忧不惧，斯谓之君子已乎？"子曰："内省不疚，夫何忧何惧？"

12.23 子贡问友。子曰："忠告而善道之，不可则止，毋自辱焉。"

17.6 子张问仁于孔子。孔子曰："能行五者于天下为仁矣。""请问之。"曰："恭，宽，信，敏，惠。……"

以上摘引各章皆是一问一答，有问必答。孔子无需固定的教室，即便吃饭、闲谈也能够开展教学。

（四）从游

从游，可以理解为跟着老师去旅游，春游、夏游、秋游、冬游都可以。从游至少有以下好处：一可以放松心情，放飞思绪，欣赏大自然的美景，既可陶冶情操，又可增长见识；二产生疑惑可以马上请教老师，当场解决问题；三老师可以情景化教学，学生置于真实语境，学起来事半功倍。

10.27 色斯举矣，翔而后集。曰："山梁雌雉，时哉时哉！"子路共之，三嗅而作。

12.21 樊迟从游于舞雩之下，曰："敢问崇德，修慝，辨惑。"子曰："善哉问！先事后得，非崇德与？攻其恶，无攻人之恶，非修慝与？一朝之忿，忘其身，以及其亲，非惑与？"

15.2 在陈绝粮，从者病，莫能兴。子路愠见曰："君子亦有穷乎？"子曰："君子固穷，小人穷斯滥矣。"

18.6 长沮、桀溺耦而耕，孔子过之，使子路问津焉。……（桀溺）曰："……滔滔者天下皆是也，而谁以易之？且而与其从辟人之士也，岂若从辟世之士哉？"耰而不辍。子路行以告。夫子怃然曰："鸟兽不可与同群，吾非斯人之徒与而谁与？天下有道，丘不与易也。"

以上提到的三种好处，10.27 便可归入一、三，句中"山梁雌雉，时哉时哉"讲的虽是山梁雌雉懂得把握时机，但又何尝不是人应当懂得；12.21、15.2 便可归入二，樊迟和子路的疑惑不都当场得到解决了吗？18.6 便可归入三，针对桀溺对子路说"坏东西像洪水一样到处都是，你们同谁去改革它，与其跟着孔丘那种逃避坏人的人，不如跟着我们这些避世之人"的主张及他和长沮的行为，孔子当即怅然发出了"我们没办法与飞禽走兽共处，如果不

75

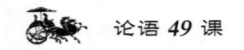

同人群打交道又要同谁相处呢？如果天下太平，我就不会带你们去试图改变了"的感叹。相信一旁的子路听了，定会有所领悟。

（五）侍坐

侍坐，差不多同于今天的茶话会。老师和弟子聚在一起，彼此自由交谈。不同的是，孔子组织的茶话还会有音乐相伴。

11.26 子路、曾皙、冉有、公西华侍坐。子曰：……"点！尔何如？"鼓瑟希，铿尔，舍瑟而作，对曰："异乎三子者之撰。"子曰："何伤乎？亦各言其志也。"曰："莫春者，春服既成，冠者五六人，童子六七人，浴乎沂，风乎舞雩，咏而归。"夫子喟然叹曰："吾与点也！"……

本章被选入统编高中语文教材，无论怎么解读都不为过。当然本课主要是关注孔子的教学形式，对其不做过多阐释。这次聚会，时间、地点、人物、事件、起因、经过以及结果无一不备，把个自由、轻松、愉悦的学习场景刻画得活灵活现，在座的每个人物也都表现得立体形象。最为关键的是，始终有音乐相伴，用的乐器是瑟，鼓瑟的是孔子的早期弟子曾皙。另外我们从本章中知道了孔子的梦想，亦即如曾皙所讲："莫春者，春服既成，冠者五六人，童子六七人，浴乎沂，风乎舞雩，咏而归。"这种美好的生活，即便今天的你我也梦想过上。

5.26 颜渊季路侍。子曰："盍各言尔志？"子路曰："愿车马衣轻（轻字当删）裘与朋友共敝之而无憾。"颜渊曰："愿无伐善，无施劳。"子路曰："愿闻子之志。"子曰："老者安之，朋友信之，少者怀之。"

较之11.26，这次侍坐范围较小，只有两名弟子，谈论的话题也相对严肃：说出自己的人生理想。不但学生讲了自己的理想，老师也讲了。

以上所述，基本上可以含括孔子所有的教学形式。孔子教学，不唯课堂教室，而是因时因地制宜，随时随地都可进行。

七、因材施教

（一）概念提出

因材施教一词并未出现在《论语》中，孔子在教学实践中做到了因材施教，但并未提炼成教育理论。第一个讲因材施教的人，是北宋理学家程颐，在其《二程集》写道："孔子教人，各因其材，有以政事入者，有以言语入者，有以德行入者。"南宋理学家朱熹进一步阐明孔子因材施教的意义，在其《四书集注》中的《论语集注》11.3 下面注说："孔子教人，各因其材，于此可见。"这实际上是抄录程颐的观点。程颐、朱熹两人将孔子因材施教这一教学原则概括得相当准确，阐发得非常清楚，基本意思是说，根据每个学生的特点和特长进行培养，有针对性地教育。

（一）识材辨材

孔子能够做到因材施教，前提是懂得识人，懂得辨材，能够把每个弟子的特点都把握得非常清楚，尤其是对他最爱的那些弟子。

不唯性格特点，每位弟子的特长乃至品性孔子也都了然于心。比如公冶长坐过牢，但是孔子知道那不是他的错，还把女儿嫁给了他。

（二）因材施教

正因为孔子懂得识材和辨材，所以能够做到对不同的人采取不同的教育方式，授以不同的教学内容，从而做到因人而教、因材施教。具体则会根据受教者的性格、智力、才能、身份、年龄、时间、实情等予以教诲。例如根据受教者的实情予以教诲，宋朝理学家朱熹在其《论语集注》中引程颐注说："告懿子，告众人者也；告武伯者，以其人多可忧之事；子游能养而或失于敬，子夏能直义而或少温润之色。各因其材之高下，与其所失而告之，故不同也。"换言之，孔子告诉孟懿子、孟武伯父子以及弟子子游、子夏的，都是尽孝需要注意和做到的。但因各人情况不同，于是各有侧重。

（三）古今之辨

孔子因材施教，即或观照性格、特长、智力、身份、才能、年龄等多个方面，但主要还是根据一个人的性格特点。

而在该维度上，仔细考察孔子的因材施教，我们便会发现，孔子的因材施教和我们今天所倡导的因材施教并不一样。

11.22 子路问："闻斯行诸？"子曰："有父兄在，如之何其闻斯行之？"冉有问："闻斯行诸？"子曰："闻斯行之。"公西华曰："由也问闻斯行诸，子曰'有父兄在'；求也问闻斯行诸，子曰'闻斯行之'。赤也惑，敢问。"子曰："求也退，故进之；由也兼人，故退之。"

子路和冉求性格不一样，这是很明显的。子路兼人，意思是说子路胆子大，做事老爱往前冲，也就是冒进。针对子路这种性格，孔子是怎么做的呢？拽他一拽。胆子大，就想办法让他的胆子变小一点；爱往前冲，就想办法阻止他冒进。孔子教育弟子总不免用他的这把尺子去量度：冉求不够，就令其变长；子路超出，就令其变短。

11.16 子贡问："师与商也孰贤？"子曰："师也过，商也不及。"曰："然则师愈与？"子曰："过犹不及。"

师是指颛孙师，复姓颛孙，名师，字子张，未入孔门"四科十哲"，但是位列孔门十二哲。子张和子路一样，也超出了孔子那把尺子的量度范围；子贡拿来和师作比较的商是指卜商，姬姓，卜氏，名商，字子夏，乃是孔门"四科十哲"之一，他和孔子的另外一名晚期弟子子游同属文学科。子夏和冉求一样，也没有达到孔子那把尺子的刻度。

在孔子眼中，子路和子张的过，就跟冉求和子夏的不及一样，都是不够好的。因此孔子所谓因材施教，无非锯长补短。

注意，是锯长补短，不是取长补短。取长补短是取其长处补其短处，取完以后长的始终还在那里，短的却得到了相应的补偿或者完善。而锯长补短是锯其长处补其短处，锯完以后长的就变短了，另外锯掉的部分也不是用来补短处，而是直接弃之不用；补短则需要用其他东西来补。

这跟我们今天主张的因材施教（其本质是扬长避短）完全不一样。

所以宋朝理学家程、朱从《论语》里面提取的孔子的因材施教，跟我们今天所主张的因材施教实则有着本质上的区别：一个是锯长补短，一个是扬长避短。

21　仁者爱人

仁虽非孔子原创，却是由孔子提到儒家学术高位。春秋时代重礼，包括礼仪、礼制和礼器等。根据杨伯峻先生的统计，《左传》中礼字共计出现了462次，另外"礼食""礼书""礼经"和"礼秩"各1次，"礼义"3次，唯独没有仁义并言的，而仁字也只出现了33次，可见它是把礼提到了最高地位。《左传》昭公二十六年晏婴对齐景公说："礼之可以为国久矣，与天地并。"到了《论语》中，包括礼乐并言，讲礼共计75次，讲仁却有109次。

孔子批判地继承了春秋时代的思潮，不再以礼为核心，而是以仁为核心，并且认为没有仁也就谈不上礼，故有3.3子曰："人而不仁，如礼何？人而不仁，如乐何？"

一、仁是什么

一部《论语》，孔子对仁有许多解释，对不同的弟子解释完全不同，甚至对同一弟子樊迟在不同时间解释也不同。

6.22 樊迟问知。……问仁。曰："仁者先难而后获，可谓仁矣。"

仁就是先有付出，再谈收获。

13.19 樊迟问仁。子曰："居处恭，执事敬，与人忠。虽之夷狄，不可弃也。"

仁就是平日庄重严肃，工作认真负责，交往忠心诚意。

12.1 颜渊问仁。子曰："克己复礼为仁。一日克己复礼，天下归仁焉。为仁由己，而由人乎哉？"颜渊曰："请问其目。"子曰："非礼勿视，非礼勿听，非礼勿言，非礼勿动。"……

仁就是约束自我，去除不合礼的欲念，使言行回复到礼上去。

12.2 仲弓问仁。子曰："出门如见大宾，使民如承大祭。己所不欲，勿施于人。在邦无怨，在家无怨。"……

仁就是出门办事得像接待重要宾客那样小心，役使百姓也得像承办重大祭典那样谨慎；仁就是自己不喜欢的就不强加给别人；仁就是在诸侯、大夫手下任职，都不抱怨。

12.3 司马牛问仁。子曰："仁者，其言也讱。"曰："其言也讱，斯谓之仁已乎？"子曰："为之难，言之得无讱乎？"

仁就是讲话迟钝犹豫（慎之又慎）。孔子的答语是针对司马牛"多言而躁"的缺点说的。

12.22 樊迟问仁。子曰："爱人。"问知。子曰："知人。"

仁就是爱人。许慎《说文解字》也说："仁，亲也。从人从二。忎，古文仁从千心。"可知仁在造字之初，就指"亲近""亲爱"，就文字讲，仁即爱人。

17.6 子张问仁于孔子。孔子曰："能行五者于天下为仁矣。""请问之。"曰："恭，宽，信，敏，惠。……"

仁就是行走天下始终能够践行五种品德：庄重、宽厚、信实、勤敏、施惠。

孔子对仁尽管有着许多解释，但是借助以上各章，实难明白仁的全部内涵。好在6.30给仁下了确切的定义。

6.30 ……子曰："……夫仁者，己欲立而立人，己欲达而达人。……"

孔子明确地给出仁的界说就是"己欲立而立人，己欲达而达人"。"立"是有所成就而站稳脚跟，"达"是有所通达而能显于大众。概言之，既成就自己，也成就他人。

二、仁的两面

当然，我们也可根据以下一章进一步推知孔子赋予仁的丰富内涵：

4.15 子曰："参乎！吾道一以贯之。"曾子曰："唯。"子出，门人问曰："何谓也？"曾子曰："夫子之道，忠恕而已矣。"

孔子之道，也就是这里的"吾道"，也就是孔子的整个思想体系。能够贯穿这个思想体系的，必然是它的核心，亦即仁道。

曾子认为"夫子之道"就是"忠恕"之道，换句话说，分开讲是"忠恕"，合在一起概括讲就是"仁"了。

6.30 ……子曰："……夫仁者，己欲立而立人，己欲达而达人。……"

15.24 子贡问曰："有一言而可以终身行之者乎？"子曰："其恕乎！己所不欲，勿施于人。"

从积极的一面讲，就是"忠"的意思，亦即"己欲立而立人，己欲达而达人"；从消极的一面讲，仁也就是"恕"的意思，亦即"如心""己所不欲，勿施于人"。

三、仁的层级

仁除了有积极和消极两面，还有不同的层级。换句话说，仁有亲疏、高低、远近、大小乃至深浅之分。

6.30 子贡曰："如有博施于民而能济众，何如？可谓仁乎？"子曰："何事于仁！必也圣乎！尧舜其犹病诸！夫仁者，己欲立而立人，己欲达而达人。能近取譬，可谓仁之方也已。"

本章至少告诉我们以下三个层面的意思：

第一，在孔子的道德谱系中，唯有抵达圣的境界，才算最高的道德准则。但要做到圣非常难，即便尧舜这样的人也不一定做得到。第二，作为一个仁者，要能做到"己欲立而立人，己欲达而达人"，一定要想到别人，影响和帮助到别人。也即杜甫在《茅屋为秋风所破歌》中所写的"安得广厦千万间，大庇天下寒士俱欢颜"，以及范仲淹在《岳阳楼记》中所写的"居庙堂之高则忧其民；处江湖之远则忧其君"。第三，践行仁德的一般方法是"能近取譬"，即从近处做起，将心比心，推己及人。

14.42 子路问君子。子曰："修己以敬。"曰："如斯而已乎？"曰："修己以安人。"曰："如斯而已乎？"曰："修己以安百姓。修己以安百姓，尧舜其犹病诸？"

子路原本只是问如何成为君子，没想一路追问到如何成为尧舜都难以做到的圣人。因此我们又可以说，仁的最高标准就是圣。仁实际上包括修己以敬、修己以安人和修己以安百姓三个层级。超凡入圣实难做到，相反，仁却很容易达到。

7.30 子曰："仁远乎哉？我欲仁，斯仁至矣。"

孔子意思是说，仁其实离我们很近，只要主动去想，它就来了。换句话说，人人都可以通过积极追求获得仁。正如毛泽东在《送瘟神》中所写的"六亿神州尽舜尧"。别说成为仁者，甚至人人都可以成为尧舜那样的圣人。

具体来讲，个人求仁、行仁又有以下几条途径：1. 通过学习获取知识；2. 通过修身培养品德；3. 通过践行在生活中体验感悟。三条途径指向同一个目的：抵达"仁"的境界。

（一）学习

2.17 子曰："由！诲女知之乎！知之为知之，不知为不知，是知也。"

做人要真诚，要能够正确面对自己，懂了就是懂了，没懂就是没懂，敢于承认自己不懂的。

17.8 子曰："由也！女闻六言六蔽矣乎？"对曰："未也。""居！吾语女。好仁不好学，其蔽也愚；……"

孔子告诉子路，喜欢行仁而不喜欢学习，其弊病是容易被人愚弄。可见好仁、求仁乃至行仁，都需要学习。

（二）修身

4.6 子曰："我未见好仁者，恶不仁者。好仁者，无以尚之；恶不仁者，其为仁矣，不使不仁者加乎其身。有能一日用其力于仁矣乎？……"

仁源自一个人的内心认同，并非自然生成，它需要人为地培育和养护，这便是修身以育仁。

15.10 子贡问为仁。子曰："工欲善其事，必先利其器。居是邦也，事其大夫之贤者，友其士之仁者。"

修养仁德绝非嘴上说说，孔子告诉子贡，培养仁德要像工匠那样，想要干活利索就得先磨快工具。住在一个国家，就要敬奉大夫中的贤人，结交士人中的仁者。

（三）践行

4.5 子曰："……君子去仁，恶乎成名？君子无终食之间违仁，造次必于是，颠沛必于是。"

君子践行仁德，始终不会离开仁德，哪怕是一顿饭的工夫也不会，就是仓促匆忙时也一定和仁德同在，颠沛流离时也一定是。

7.6 子曰："志于道，据于德，依于仁，游于艺。"

依于仁，即依托于仁，亦即仁为一个人的立身之本，为人处世，始终需要依托于仁的原则。

8.7 曾子曰："……仁以为己任，不亦重乎？死而后已，不亦远乎？"

不但自己践行仁德，还要大力推行仁德，并且以此为己任。这件事情，责任重大而且路途遥远。

15.9 子曰："志士仁人，无求生以害仁，有杀身以成仁。"

有志之士和仁爱之人绝不会为求苟活而去损害仁丝毫，相反在必要的时候还勇于牺牲自己来成就仁。

15.33 子曰："知及之，仁不能守之；虽得之，必失之。知及之，仁能守之。不庄以莅之，则民不敬。知及之，仁能守之，庄以莅之，动之不以礼，未善也。"

本章主要强调仁对智的调节，聪明才智足够，但仁德不足以守住，那么即便是得到了，也会失去。

15.35 子曰："民之于仁也，甚于水火。水火，吾见蹈而死者矣，未见蹈仁而死者也。"

孔子认为老百姓对仁的认识严重不足，践行仁德要对仁有正确的认识。人掉进水火中，多有死伤；而践行仁德，不但没有死伤，反而会有极大的好处。

15.36 子曰："当仁，不让于师。"

孔子告诉我们，在仁义面前，即便老师也不相让。践行仁德贵在积极

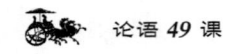

主动。

四、仁的范围

前面我们已经明确，仁首先是爱人。关于仁爱，孔子提出从爱亲人开始。

13.18 叶公语孔子曰："吾党有直躬者，其父攘羊，而子证之。"孔子曰："吾党之直者异于是：父为子隐，子为父隐。——直在其中矣。"

孔子主张"父为子隐，子为父隐"，即父子之间互相替对方隐瞒。这种行为实出于亲人间彼此相爱，具体又体现为孝、慈、友、悌。

1.2 有子曰："……君子务本，本立而道生。孝弟也者，其为仁之本与！"

有子作为孔子的学生之一，其思想来源于孔子。孝悌属于亲人之间的敬爱，乃是仁的基础。因此我们又可以说，仁的最低标准就是孝悌。而仁的最高标准是"修己以安百姓"或者"薄施于民而能济众"，这种要求只有圣人才能够做到。

五、好的道德

"仁"字始见于儒家经典《尚书·周书·金滕》："予仁若考能，多材多艺，能事鬼神。"书中记载，周朝灭掉商朝后的第二年，武王生了重病，弟弟周公就向祖先太王、王季、文王祷告，希望哥哥武王早日康复。上文所引即周公祷告时讲的话，翻译成白话文就是："我柔顺而巧能，多材多艺，能够奉事鬼神。"

其中"仁"指好的道德，也即《论语》8.11 孔子所讲"如有周公之才之美"。

孔子将仁作为儒家最高道德规范，建构了以仁为核心的儒家思想。在其学说中，仁是首德，也是全德，统摄了孝、悌、忠、信、礼、义、廉、耻等诸德。

在此前提之下，孔子还对仁做了大量阐释。

（一）少仁近仁

1.3 子曰："巧言令色，鲜矣仁！"（17.17 重出）

孔子认为一个人花言巧语、表情讨喜，就少有仁德。

13.27 子曰："刚、毅、木、讷近仁。"

刚强、坚毅、质朴、言语不轻易出口，孔子认为有这四种品德的人便近于仁德。考察孔子众多弟子，唯有颜回符合这一标准。

（二）仁者特质

6.23 子曰："知者乐水，仁者乐山。知者动，仁者静。知者乐，仁者寿。"

9.29 子曰："知者不惑，仁者不忧，勇者不惧。"

14.4 子曰："……仁者必有勇，勇者不必有仁。"

循着孔子给仁者贴的标签，比如"乐山""沉静""不忧""有勇"，我们也就能够从人群中将仁者分辨出来了。

六、仁者贵姓

（一）仁者

虽然仁的内涵丰富广博，包含不同层级，但孔子绝少许人以"仁"。孔子明确认可的仁者只有六个人，并且都是古人，分别是微子、箕子、比干、伯夷、叔齐以及管仲。

在孔子的人品标准之下，贤人和仁者差不多。孔子认为伯夷、叔齐是古代的贤人，他们求仁并且得到了仁，也就是仁者。

孔子反复赞扬颜回贤，我们也可认为，颜回符合仁者的标准。

因此《论语》中提到的人中，有七个人可算仁者：六个古人，一个当世之人。

6.11 子曰："贤哉，回也！一箪食，一瓢饮，在陋巷，人不堪其忧，回也不改其乐。贤哉，回也！"

14.16 子路曰："桓公杀公子纠，召忽死之，管仲不死。"曰："未仁乎？"

子曰："桓公九合诸侯，不以兵车，管仲之力也。如其仁，如其仁。"

14.17 子贡曰："管仲非仁者与？桓公杀公子纠，不能死，又相之。"子曰："管仲相桓公，霸诸侯，一匡天下，民到于今受其赐。微管仲，吾其被发左衽矣。……"

18.1 微子去之，箕子为之奴，比干谏而死。孔子曰："殷有三仁焉。"

7.15 冉有曰："夫子为卫君乎？"子贡曰："诺；吾将问之。"入，曰："伯夷、叔齐何人也？"曰："古之贤人也。"曰："怨乎？"曰："求仁而得仁，又何怨？"……

（二）非仁

孔子说话很讲技巧，特别注意分寸，对自己没把握的事情从来不会妄下结论，对于自己和以下几名弟子，以及"克、伐、怨、欲不行焉"，孔子均以"不知"作答。

孔子自己，我们有理由认为他那是谦虚；几名弟子，孔子说他"不知其仁"，结合上下语境，可知都还算不上仁者。

5.5 或曰："雍也仁而不佞。"子曰："焉用佞？御人以口给，屡憎于人。不知其仁，焉用佞？"

孔子说他不知冉雍仁不仁，但何必要有口才善巧呢？

5.8 孟武伯问子路仁乎？子曰："不知也。"又问。子曰："由也，千乘之国，可使治其赋也，不知其仁也。""求也何如？"子曰："求也，千室之邑，百乘之家，可使为之宰也，不知其仁也。""赤也何如？"子曰："赤也，束带立于朝，可使与宾客言也，不知其仁也。"

7.34 子曰："若圣与仁，则吾岂敢？抑为之不厌，诲人不倦，则可谓云尔已矣。"……

14.1 宪问耻。子曰："邦有道，谷；邦无道，谷，耻也。""克、伐、怨、欲不行焉，可以为仁矣？"子曰："可以为难矣，仁则吾不知也。"

原宪问说好胜、自夸、怨恨和贪心四种毛病都没有，可以算是仁人吗，孔子说可算是难能可贵了，但他不知这是否是仁，孔子说不知，是因为仁为择善固执，要一生努力培养、践行，须到盖棺才能论定。

综上可知，仁具有以下三个方面的特点：

（一）仁为内核。仁在孔子思想中具有基础性、本体性和核心性价值。

（二）道德践行。仁是一种道德实践，并非仅仅是道德情感和原则。

（三）理想目标。仁是一种很高的道德目标，而非能够轻易实现的具体要求，是需一生追寻的理想，而非现实的道德水平。

22　中和思想

中庸之道，简称"中"，又名"中和思想"。

一、何为中

孔子的核心思想有两个：一个是仁，属于本体论；另一个是中，属于方法论。因为孔子喜欢提概念而不喜欢下定义，同"仁"一样，"中"也难解其真意。即便儒学集大成者、宋代理学家程颐、朱熹所讲，也难让人信服。

中者，无过不及之名也。庸，平常也。……程子曰："不偏之谓中，不易之谓庸。中者，天下之正道，庸者，天下之定理。"（朱熹《论语集注》6.29）

同"仁"一样，"中"也不是孔子发明的。《论语》里"中"字出现了25次，其中只有3次算得上哲学术语，亦即本课将要探讨的中庸思想（中和思想、中庸之道或中道）。分别如下：

6.29 子曰："中庸之为德也，其至矣乎！民鲜久矣。"

13.21 子曰："不得中行而与之，必也狂狷乎！……"

20.1 尧曰："咨！尔舜！天之历数在尔躬，允执其中。四海困穷，天禄永终。"舜亦以命禹。……

中庸作为德行实乃至高无上，长久以来老百姓甚少做得到。

中行是指具备中庸之德者。孔子的意思是说不能交到行为适中的人，一定要交就跟志向高远或洁身自好的人交往。

据20.1可知，作为德行，中庸思想属于圣人的标配。因此，尧传位于舜、舜传位于大禹都特别强调"允执其中"。允执其中，是说老老实实地持守中道。当然，一般人几乎做不到。但尧、舜、禹、汤这样的圣人则不一样，做得到要做，做不到也要做。

类似提法《中庸》也有：

子曰："舜其大知也与！舜好问而好察迩言，隐恶而扬善，执其两端，用其中于民，其斯以为舜乎！"

翻译成白话文：舜真是有大智慧的人啊！舜喜欢向人问问题，又善于分析别人话语中的含义，隐恶扬善，掌握过与不及两端，采纳适中的用于老百姓，这便是舜之为舜的缘故！

另外《孟子》上也有讲：

孟子曰："禹恶旨酒而好善言。汤执中，立贤无方。"

翻译成白话文：孟子说："禹不喜欢美酒，却喜欢有价值的话。汤执守中道，举贤人却不拘泥于一定的常规。"

总之，无论《论语》中所讲的"允执其中"，还是《中庸》中所讲的"执其两端，用其中"，还是《孟子》中所讲的"执中"，均强调一点，"执其两端"而非一端。孔子历来反对执守一端。孔子及其儒家后学皆主张"执其两端，用其中"，又称"执两用中"。

2.16 子曰："攻乎异端，斯害也已。"

异端，亦即违背中道的两端之一端。孔子的意思是说，处理事情却要向它极端或偏激的方向努力以至于偏离中道，那将是非常有害的。

9.8 子曰："吾有知乎哉？无知也。有鄙夫问于我，空空如也。我叩其两端而竭焉。"

两端相对于一端而言，这里"两"字并非数字意义上的"二"，而是泛指多，可以理解为多个角度、多个层面、多个方面。孔子的意思是说他知道的并不多，有个乡下人问他问题，态度极其诚恳，他便从乡下人问的问题的正反两个方面，通过提引导性问题的方式，逐渐让他明白。所以说孔子善于执守中道，时时刻刻都能做到"执两用中"。

古往今来有没有不同于孔子这一主张的思想呢？答案是肯定的。我们知道，道家学派创始人老子的思想中明显具有自相矛盾之处：一方面讲"天地不仁，以万物为刍狗；圣人不仁，以百姓为刍狗。天地之间，其犹橐龠乎？虚而不屈，动而愈出。多言数穷，不如守中"；一方面又执守一端，贵柔、虚、静和不争；一方面主张打破一切文物制度，归于无知无欲的自然状态，一方面又说要"为腹不为目""虚其心，实其腹""甘其食，美其服"。另外，墨家学派创始人墨子主张"兼爱"、道家杨朱学派创始人杨朱主张"拔一毛而利天下不为"，均是执着于一端，主张"执一"。

我们现在知道中必执两。那么，什么是"中"？

其实《论语》里面有讲：

11.16 子贡问师与商也孰贤。子曰："师也过，商也不及。"曰："然则师愈与？"子曰："过犹不及。"

这就是说中好比一个点，当事物与这个点吻合，一切刚刚好，那么万事大吉；超过这个点或不能达到这个点，性质相同，都不是很理想。这个点可以是实存的，即可以量化；也可以是抽象的，即不可量化，但仍可作为主观评判的标准。

这其实是就空间而言，当然，这个空间也可以是抽象的。从这个角度上讲，"中"也就是程颐所说的"不偏不易"和朱熹所说的"无过不及"。显然，朱熹说的"无过不及"无非是孔子所说"过犹不及"的另外一种提法而已。

除开"过犹不及"，孔子对"中"还有更为准确、形象的说明：

18.8 逸民：伯夷、叔齐、虞仲、夷逸、朱张、柳下惠、少连。子曰："不降其志，不辱其身，伯夷、叔齐与！"谓"柳下惠、少连，降志辱身矣，言中伦，行中虑，其斯而已矣。"谓"虞仲、夷逸，隐居放言，身中清，废中权。我则异于是，无可无不可。"

孔子说自己不同于古代七大隐逸之士，其本质区别在于自己"无可无不可"。这话表面看来很是不通。啥叫无可无不可呢？我们一般说，可以就是可以，不可以就是不可以，怎会又可以又不可以呢？其实我们这样讲的时候，忽略了一个极其重要的因素，那便是我们已经讲到过的"时"。

孔子之所以这样讲，是因为他以变化发展的眼光看问题。孔子的意思是说：此时可，彼时或可或不可；此时不可，彼时或不可或可。可与不可并非全由作为主体的人决定，还应着重考虑包括时间在内的各种外在因素。换句话说，可与不可往往由时间决定。如此一来，前面提到的那个点也就不再是固定不变的静态的了，而是会根据时间的不同而发生改变的动态的了。要言之，因地制宜，因时制宜，唯变所适。

我们来看一个例子:

鲁国之法,鲁人为臣妾于诸侯,有能赎之者,取其金于府。子贡赎鲁人于诸侯,来而让,不取其金。孔子曰:"赐失之矣。自今以往,鲁人不赎人矣。"取其金则无损于行,不取其金则不复赎人矣。子路拯溺者,其人拜之以牛,子路受之。孔子曰:"鲁人必拯溺者矣。"孔子见之以细,观化远也。

——《吕氏春秋·先知览第四·察微》

这段话的大意是说,鲁国的法令规定,鲁国人在其他诸侯国当奴隶,但凡有人拿钱把他们赎出来,赎人者可以从国库中支取钱财。子贡从其他诸侯国赎出了做奴隶的鲁国人,回到鲁国以后却推辞,没有从国库中支取钱财。孔子便说:"赐(姓端木,名赐,字子贡)做得不对。从今往后,鲁国人不会再赎人了。"支取钱财对品行并没有损害;不支取钱财就不会有人再赎人了。子路救了一个溺水的人,那个人便用一头牛来感谢他,子路收下了牛。孔子便说:"鲁国人一定会救溺水的人了。"孔子能够从细小处看到结果,这是由于他对事物的发展变化看得透彻而又深远啊。

子贡和子路都做了好事,子贡没接受酬谢,子路接受了酬谢。

依照常理,子贡的高风亮节更值得肯定,做好事不计报酬更应受到赞扬才对,然而孔子却认为子贡做错了,因为偏离了中道。毕竟不是每个人都像子贡那样有钱,子贡赎了人可以不去国库支取钱财,但是普通老百姓却做不到,他们没有本钱去赎人。即便是赎了人,因为子贡未去国库支取钱财在前,害怕被人道德绑架,也就不好去国库支取钱财。因此子贡的这一行为实则产生了坏的结果,即没人再赎人了。相比于个人品行,赎人更为重要,因此在这种情况下,首先应该考虑的是鼓励更多的人赎人,而非彰显个人的道德情操。

子路救了人,接受了一头牛的酬谢,其前提是被救之人知恩图报,给予酬谢。这一行为必将会产生好的结果,那便是很多人都会效仿子路救溺水的人了。毕竟救的是人。俗话说,人命关天,子路接受酬谢,是理所应当的;要是救了人家一条命,人家毫无表示,岂非令人寒心!因此子路接受酬谢,间接体现了人性之善、人性之美:一来子路救人体现了子路的仁爱之心,二来被救者给予酬谢体现的是感恩之心,懂得回报。双方的行为均彰显了中华

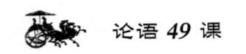

传统美德。

孔子认为子贡在彼时彼刻未能做到中，子路却在彼时彼刻做到了中。

因此中又称之为时中。换言之，孔子所说的中，一定是指特定情境之下的中。当我们谈中的时候，一定包含了时这个因素在内，亦即时在中内。

人的一生分为很多阶段，每个阶段又可分为无数的更小的点，当在某个点也就是某个时间做到了"中"，便是做到了这一时间点的"时中"。这一"时中"也只是暂时的，不可保持长久不变，在新的时间、新的空间、面对新的情况时，又当作出新的决策，努力做到新的"时中"。这就好比是从一种平衡状态发展到另一种平衡状态。因此"中"不是唯一的、静止的，而是变化的、运动的。《孟子·公孙丑下》讲"此一时，彼一时也"，也就是说"中"由"时"决定。

从这个层面讲，程颐认为"中"就是"不偏不易"、朱熹认为"中"就是"无过不及"就不够准确了。

一般认为，集中论述"中"的是《中庸》，相传该书由子思（孔子的孙子）所作。

我们看它对"中"的定义：

喜怒哀乐之未发，谓之中；发而皆中节，谓之和；中也者，天下之大本也；和也者，天下之达道也。

《中庸》的作者巧借人之情性来打比方，力求帮助人们更好地理解孔子通过继承和创新而形成的中庸思想，其努力是值得赞扬的，但也仅限于此。毕竟这一比喻只能定义静态的中，不能定义本质为动态的中，况且又用"和"来代替"时中"，很容易让人将中跟和画等号，用和来代替中，进而陷入理解循环：中即和，和即中。

要论最理解孔子的人，不是子思，而是子思的弟子孟子。

孟子曰："伯夷，圣之清者也；伊尹，圣之任者也；柳下惠，圣之和者也；孔子，圣之时者也。"（《孟子·万章下》）

这段话的大意是，孟子认为伯夷是圣人之中清高的人；伊尹是圣人之中负责的人；柳下惠是圣人之中随和的人，孔子是圣人之中能够做到时中的人。很多人对"孔子，圣之时者也"一句有不同的理解：鲁迅将"时"解为"摩登",认为孔子是圣人中最摩登的人;杨伯峻将"时"解为"识时务";等等。换句话说,在孟子看来,圣人之中唯有孔子能够做到时时执守中道。笔者认为这句话是对《论语》中孔子称自己"无可无不可"一句的绝佳注解。

正因为孔子是"圣之时者",因此也就能够做到:

可以仕则仕,可以止则止,可以久则久,可以速则速:孔子也。(《孟子·公孙丑上》)

仕(出仕为官)、止(停止)、久(慢速)、速(快速),孔子始终根据中庸思想灵活变通,调整策略,相机而动。

孔子之去齐,接淅而行;去鲁,曰:"迟迟吾行也,去父母国之道也。"可以速而速,可以久而久,可以处而处,可以仕而仕,孔子也。(《孟子·万章下》)

孔子离开齐国,不等把米淘完滤干就走;离开鲁国,却说:"我们慢慢走吧,这是离开父母之国应有的态度啊。"总而言之,孔子确实能够做到应该马上走就马上走,应该继续干就继续干,应该辞官就辞官,应该做官就做官。

当然,孔子所谓"无可无不可"既是说他自己,也是对君子提的要求。

4.10 子曰:"君子之于天下也,无适也,无莫也,义之与比。"

孔子的意思是说,君子立身处世,没有一定非要怎样,也没有一定不能怎样,而应始终以正当合理作为衡量标准。

能够做到这一点的人并不多,管仲算其中一个。

14.17 子贡曰:"管仲非仁者与?桓公杀公子纠,不能死,又相之。"子曰:"管仲相桓公,霸诸侯,一匡天下,民到于今受其赐。微管仲,吾其被发左衽矣。岂若匹夫匹妇之为谅也,自经于沟渎而莫之知也?"

孔子认为管仲辅佐桓公,称霸诸侯,使得天下的一切得到了匡正,人民直到今天依然受到他的好处。要是没有管仲,恐怕他们都会披头散发,穿着衣襟向左边开的衣服(沦为野蛮部族)。管仲没必要像普通百姓那样坚守小信,自缢于沟渎之中而不被人知道。管仲的行为完全符合中庸之道。

相比于管仲"相桓公,霸诸侯,一匡天下",他在其他方面的一些行为以及孔子同时代的很多人的诸多做派,就都违背了礼制,完全偏离了中道。如:

3.1 孔子谓季氏,"八佾舞于庭,是可忍也,孰不可忍也?"

3.2 三家者以《雍》彻。子曰:"'相维辟公,天子穆穆',奚取于三家之堂?"

3.22 子曰:"管仲之器小哉!"或曰:"管仲俭乎?"曰:"管氏有三归,官事不摄,焉得俭?""然则管仲知礼乎?"曰:"邦君树塞门,管氏亦树塞门。邦君为两君之好,有反坫,管氏亦有反坫。管氏而知礼,孰不知礼?"

……

以上季氏(季孙意如)、三家(三桓后代:孟孙氏、叔孙氏、季孙氏)管仲等都僭越礼制而偏离中道。

时时守中,事事适中,也就能够做到孔子如下所讲的了:

1.12 有子曰:"礼之用,和为贵。……"

3.20 子曰:"《关雎》,乐而不淫,哀而不伤。"

6.18 子曰:"质胜文则野,文胜质则史。文质彬彬,然后君子。"

9.15 子曰:"吾自卫反鲁,然后乐正,《雅》、《颂》各得其所。"

13.23 子曰:"君子和而不同,小人同而不和。"

据此可知,"中"的结果体现为"和"的状态或境界,属于正确的理解。

话说回来,孟子除了是最理解孔子的人之外,他还是孔子之后第一个把"中"理解得最透彻、解释得最清楚的人。

淳于髡曰:"男女授受不亲,礼与?"

孟子曰:"礼也。"

曰:"嫂溺,则援之以手乎?"

曰:"嫂溺不援,是豺狼也。男女授受不亲,礼也;嫂溺,援之以手者,权也。"

(《孟子·离娄上》)

男女授受不亲,属于礼的范畴;嫂子溺水,伸手救人,是视生命为第一。当礼和生命两相冲突的时候,取大舍小,礼让步于生命。即当有生命受到危险,首先应该考虑的是救人。很多人错误地将中庸思想误解为折中主义、平均主义,甚至两边讨好和稀泥,如此面对淳于髡提出的问题,也就只能一手拉着嫂子的手,一边让嫂子浸泡在水里面了。

这里孟子用"权"来解释"中",是说"执中"就是"行权"。

权是形声字一会意字，从木（木质杆秤），从又（手），表示手移动杆秤上的秤砣。孟子用一"权"字来解释"中"再恰当不过了。手移动杆秤上的秤砣，是由秤钩上挂的物体来决定的。这就好比根据具体情况作出最恰当的反应，而非一成不变、拘泥不化。能够做到像秤砣在秤杆上那样，依据所称之物灵活移动，并且总能够找到一个平衡点而立身处世，也就可以做到孔子所讲的中了。

因此，所谓"中"就是适度、恰当、合宜而含有真理（相对真理）之意，体现了立身处世以及处理事物的正确性；所谓"庸"，就是平凡、普遍并含有运用之意，体现了一切事物的普遍性。"中"与"庸"相结合，也就是理论上的基本原则和实践中的具体运用两者之间的辩证统一，因此"中庸"就是正确而普遍适用的真理（相对真理）。

在认识论上，中庸之道表现为"叩其两端"（亦即"执其两端"）以取"中"的全面调查研究的方法。在方法论上，中庸之道的基本法则是守"中"戒"过"勉"不及"。"过"和"不及"都是"中"的对立面，"中"为是，"过"和"不及"为非。"中"既不是在"过"和"不及"两端之间机械地对半折中，也不是在"是"和"非"之间取其中性，而是往往因时制宜，或取"非"或取"是"，即孔子所说"无可无不可"。

二、致中和

作为一种思想，"中"即"中庸""中和""中道""中庸思想""中和思想""中庸之道"，亦即孔子所讲的"无可无不可"及孟子所说的"权"。

根据上文所引，"权"是指秤砣，可以在秤杆上来回移动。"中"也就是说，根据具体情境，找到那个最为合适的平衡点。"和"是"中"产生的结果或状态。

作为书名，"中庸"取"用中"之意，亦即《中庸》这本书旨在阐述如何将"中"这种思想付诸实践。

庸即是用，有据为证：

名曰中庸者，以其记中和之为用也。庸，用也。（《礼记正义》引郑玄

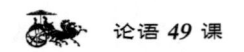

《三礼目录》)

明试以功，车服以庸。(《尚书·尧典》)

为是不用而寓诸庸，庸也者用也。(《庄子·齐物论》)

庸，用也，从用庚；用，可施行也。(《说文》用部)

庸字还和另一字合成一个成词，构成比较稳定的意义。例如：

帝曰畴咨，若时登庸。(《尚书·尧典》)

天不庸释于文王受命。(《尚书·君奭（shì）》)

引句中的"登庸"即"用登"，"庸释"即"用释"。其实，《中庸》书名，实同《学记》《服问》《经解》，意即"用中""记学""问服""解经"。

整部《中庸》就是阐述中庸之道，内容可概括为：以仁为先导，以诚为基础，以用中为方法的人生哲学。另外，《尔雅》上讲："庸，常也。"因此，"中庸"即"恒常用中"。那么，如何才能做到恒常用中以达到和呢，亦即如何致中和呢？笔者认为，可用"行权""执两"来概括。

(一) 行权（唯变所适）：四毋、思诚、重信

1. 四毋

子绝四：毋意，毋必，毋固，毋我。(《论语》9.4)

意：主观臆测。毋意：主客观统一。必：非此即彼。毋必：叩其两端，执两用中。固：固执固陋。毋固：以发展的眼光看问题。我：自以为是。毋我：不以自我为中心。

2. 思诚

子在川上，曰："逝者如斯夫！不舍昼夜。"(《论语》9.17)

子曰："天何言哉？四时行焉，百物生焉，天何言哉?"(《论语》17.19)

诚者，天之道也。诚之者，人之道也。诚者，不勉而中，不思而得，从容中道，圣人也；诚之者，择善而固执之也。(《中庸》第 20 章)

天道是诚的，不言而四时行、百物生，因此人也要循天道之诚，办法是学以明善，择善而固执之；另外还要终身积累，奋斗不息。

至诚之道，可以前知，……祸福将至，善，必先知之；不善，必先知之。故至诚如神。(《中庸》第 24 章)

这里的"诚"包含有精确的、自我实现的预言之意，达到最高真诚之道的人，是可以预知未来的，当灾祸与福祉将要来临的时候，都一定可以预先知道。正如孟子所说："万物皆备于我矣，反身而诚，乐莫大焉。"（《孟子·尽心上》）"是故诚者，天之道也；思诚者，人之道也。"（《孟子·离娄上》）

那么，如何才能做到诚呢？

子夏曰："博学而笃志，切问而近思，仁在其中矣。"（《论语》19.6）

博学之，审问之，慎思之，明辨之，笃行之。（《中庸》第20章）

3. 重信

子曰："人而无信，不知其可也。大车无輗，小车无軏，其何以行之哉？"（《论语》2.22）

子路曰："愿闻子之志。"子曰："老者安之，朋友信之，少者怀之。"（《论语》5.26）

子贡问政。子曰："足食，足兵，民信之矣。"子贡曰："必不得已而去，于斯三者何先？"曰："去兵。"子贡曰："必不得已而去，于斯二者何先？"曰："去食。自古皆有死，民无信不立。"（《论语》12.7）

子曰："言必信，行必果，硁硁然小人哉！——抑亦可以为次矣。"（《论语》13.20）

信是人之所以立的基础中的基础，是君子得以自我实现的基本前提，是抵达中庸至德的必经之路。在儒家伦理体系中，信只是基础层次上的德行，因为"言必信，行必果，硁硁然"是不知权变、一味贯彻言行的小人行径。

（二）执两（不走极端）：正名、调节

1. 正名

齐景公问政于孔子。孔子对曰："君君，臣臣，父父，子子。"公曰："善哉！信如君不君，臣不臣，父不父，子不子，虽有粟，吾得而食诸？"（《论语》12.11）

君君：君要像个君；臣臣：臣要像个臣。父父：父亲要有个父亲的样子；子子：儿子要有个儿子的样子。这里涉及君臣、父子两种关系结构，还有夫妇、昆弟以及朋友三种关系结构。五种关系结构，对应普天之下人类所应共同遵循的五条大道：君臣之道、父子之道、夫妇之道、兄弟之道以及朋友之道。实现这五条大道的基本品德，共有三项：智慧、仁爱、勇敢。

子路曰："卫君待子而为政，子将奚先？"子曰："必也正名乎！"……（《论语》13.3）

孔子特别强调正名，通过正名令万物各得其所、各司其职、各尽其道，否则世间万事万物就会乱成一团。

古之欲明明德于天下者，先治其国；欲治其国者，先齐其家；欲齐其家者，先修其身；欲修其身者，先正其心；欲正其心者，先诚其意；欲诚其意者，先致其知。（《大学》）

一直以来，很多人对"格物"的理解都不得要领，实际上"格物"就是"正名"。另外我们还将发现，一部《春秋》，其意之一就是为了正名分。

2. 调节

（1）以"礼"调节"和"

有子曰："礼之用，和为贵。先王之道，斯为美；小大由之。有所不行，知和而和，不以礼节之，亦不可行也。"（《论语》1.12）

（2）以"仁"调节"礼""乐"

子曰："人而不仁，如礼何？人而不仁，如乐何？"（《论语》3.3）

（3）以"义"调节"信"，以"礼"调节"恭"

有子曰："信近于义，言可复也。恭近于礼，远耻辱也。因不失其亲，亦可宗也。"（《论语》1.13）

（4）以"礼"调节"智""不欲""勇""艺"

子路问成人。子曰："若臧武仲之知，公绰之不欲，卞庄子之勇，冉求之艺，文之以礼乐，亦可以为成人矣。"……（《论语》14.12）

（5）以"礼"调节"智""仁""庄"

子曰："知及之，仁不能守之；虽得之，必失之。知及之，仁能守之。不庄以莅之，则民不敬。知及之，仁能守之，庄以莅之，动之不以礼，未善也。"（《论语》15.33）

23　克己复礼

美学家李泽厚先生在其《华夏美学》中认为，礼、乐是远古图腾和巫术礼仪的演进，完备，分化，周公是礼、乐的主要制定者，孔子是礼、乐的维护者。礼在当时，大概是一套从宗庙祭祀到生活起居、从政治军事到日常生活制度等礼仪的总称，即未成文的法，是远古氏族、部落要求个体成员必须遵循、执行的行为规范。

礼的特点是从外在行为、活动、动作、仪表等方面，对个体做出强制性的要求和限制，以此维护和保证群体组织的秩序和稳定。

到了殷周时代，礼的主要内容和目的变为维护已有的尊卑长幼等级制的统治秩序，也就是孔子在12.11讲的"君君，臣臣，父父，子子"。

孔子毕生致力于恢复周礼，即恢复周公制定的礼。整部《论语》中，孔子并未对礼下过定义，但却可以通过阅读全书总结提炼出来。《论语·乡党篇第十》全是记录孔子遵照礼仪行事的各种行为表现。概而言之，是一名大夫生活起居、为人处世的集中表现。如10.1"其在宗庙朝廷，便便言，唯谨尔"，10.2"朝，与下大夫言，侃侃如也；与上大夫言，訚訚如也。君在，踧踖如也，与与如也"，10.4"入公门，鞠躬如也，如不容。立不中门，行不履阈"，10.5"执圭，鞠躬如也，如不胜。……享礼，有容色。私觌，愉愉如也"，10.13"乡人饮酒，杖者出，斯出矣"，10.15"问人于他邦，再拜而送之"，10.18"君赐食，必正席先尝之"，10.26"升车，必正立，执绥。车中，不内顾，不疾言，不亲指"，等等。

很明显，孔子的这些行为表现不都是周礼的范围，也有他自己的发明。孔子所谓"述而不作"的"述"乃是继承、发扬之意，"不作"是指不擅自改动、随便创作，但合理的发明还是有的，如"食不厌精，脍不厌细""食不语，寝不言""席不正，不坐"，7.18"子所雅言，《诗》《书》、执礼，皆雅言也"。孔子谈《诗经》《书经》与执行礼仪时，都说标准古音，明显就是孔子的发明，而非周公创制。

周公制礼，也并非全都是原创。例如：

14.40 子张曰："《书》云：'高宗谅阴，三年不言。'何谓也？"子曰："何必高宗，古之人皆然。君薨，百官总己以听于冢宰三年。"

这里《书》指《尚书》，该书可视为孔子平时讲解、传授礼仪的参考书。

这些礼以文字的形式记录下来，出现在汉代的较为完备地记载礼仪的书有三部，俗称"三礼"（《仪礼》《周礼》《礼记》），主要内容保留了自上古到殷周的"礼制"——以祭祀活动为核心的图腾活动、巫术礼仪等具体制度和规范。这就是说，我们在读《论语》的过程中，一定要区分哪些是讲礼，哪些是讲《礼》。礼是各种行为规范、规制，《礼》是记载礼的书，不可一概而论。

一、礼以仁为本

对个体而言，礼属于外在的行为规范，具有各种各样的表现形式，体现在很多方面，但这一切都是建立在内在的仁之上的。

3.3 子曰："人而不仁，如礼何？人而不仁，如乐何？"

一个人没有真诚的心意，不走在人生正途上，又缺少完美的人格，再多的礼、乐也就只是形式，有什么用呢？

3.8 子夏问曰："'巧笑倩兮，美目盼兮，素以为绚兮。'何谓也？"子曰："绘事后素。"曰："礼后乎？"子曰："起予者商也！始可与言诗已矣。"

这里"礼后"实为"礼后于仁"，即礼是建立在仁之上的。

12.1 颜渊问仁。子曰："克己复礼为仁。一日克己复礼，天下归仁焉。为仁由己，而由人乎哉？"颜渊曰："请问其目。"……

克己复礼为仁，换言之，复礼是仁的外在体现，仁乃是复礼的结果，因此复礼和仁互为前提。

15.33 子曰："知及之，仁不能守之；虽得之，必失之。知及之，仁能守之。不庄以莅之，则民不敬。知及之，仁能守之，庄以莅之，动之不以礼，未善也。"

这里智、仁、庄、礼由内而外，礼居外层，乃是通往"善"的最后一关。

（一）礼和孝

2.5 孟懿子问孝。子曰："无违。"樊迟御，子告之曰："孟孙问孝于我，我对曰，无违。"樊迟曰："何谓也？"子曰："生，事之以礼；死，葬之以礼，祭之以礼。"

孝作为礼的内容，是礼的具体表现之一，父母在生之时以礼奉养，父母死了以后以礼祭祀。

17.21 宰我问："三年之丧，期已久矣。君子三年不为礼，礼必坏；三年不为乐，乐必崩。旧谷既没，新谷既升，钻燧改火，期可已矣。"子曰："食夫稻，衣夫锦，于女安乎？"曰："安。""女安，则为之！夫君子之居丧，食旨不甘，闻乐不乐，居处不安，故不为也。今女安，则为之！"宰我出，子曰："予之不仁也！子生三年，然后免于父母之怀。夫三年之丧，天下之通丧也，予也有三年之爱于其父母乎！"

"礼坏乐崩"典出本章。孔子和弟子宰予因为三年之丧产生意见分歧，孔子认为三年之丧乃是"天下之通丧"，不应改弃；宰予认为三年之丧，时间太长了，因为君子三年不去习礼仪，礼仪一定会荒废；三年不去奏音乐，音乐一定会失传，提出一年也就够了。宰予实际上注意到了一对很难解决的矛盾——礼和礼的矛盾。三年之丧是礼的内容，然而三年之丧期间不"不为礼"必会导致礼坏乐崩。宰予指出的矛盾，孔子最终也没有给出满意的解决方案。孔子是从心理情感需要来谈为何不守丧三年就会不安。

（二）礼和忠、敬、宽、恭、让、义、信等

3.18 子曰："事君尽礼，人以为谄也。"

事君尽礼，是忠的表现，因此忠也是礼的内容之一。

3.19 定公问："君使臣，臣事君，如之何？"孔子对曰："君使臣以礼，臣事君以忠。"

君臣相处，均须遵循礼。君主应该依礼来使用臣子，臣子应该忠心服事

君王，臣事君以忠乃是礼的规定。

14.41 子曰："上好礼，则民易使也。"

君上好礼带来的好处是明显的，起码管理老百姓变得容易起来。

1.13 有子曰："信近于义，言可复也。恭近于礼，远耻辱也。因不失其亲，亦可宗也。"

恭也需要接受礼的规范和调节。谦恭待人尽量合乎礼节，就会避开耻辱。

3.26 子曰："居上不宽，为礼不敬，临丧不哀，吾何以观之哉？"

为礼需要敬。同样，敬也需要礼的调节和修饰。

4.13 子曰："能以礼让为国乎？何有？不能以礼让为国，如礼何？"

本章讲以礼治国，重点强调礼在让这一层面的价值和意义。能以礼貌谦让的态度治理国家，治理国家有什么难呢？

11.26 子路、曾皙、冉有、公西华侍坐。……曾皙曰："夫三子者之言何如？"子曰："亦各言其志也已矣。"……曰："夫子何哂由也？"曰："为国以礼，其言不让，是故哂之。"……

无论治国还是平时的一言一行，都需遵循礼。子路讲话自信而且豪壮，甚少谦让之词，不懂一丝谦虚，因此孔子嘲笑他。

12.5 司马牛忧曰："人皆有兄弟，我独亡。"子夏曰："商闻之矣：死生有命，富贵在天。君子敬而无失，与人恭而有礼。四海之内，皆兄弟也——君子何患乎无兄弟也？"

人人都讲礼，也就四海之内皆兄弟了。换言之，礼既是对个体的规范，也是人与人之间平等交往的前提和保障。

13.4 ……子曰："……上好礼，则民莫敢不敬；上好义，则民莫敢不服；上好信，则民莫敢不用情。……"

这里义和信同样是礼的内容之一。做到义和信，也就体现为礼了。

（三）礼与政、刑

2.3 子曰："道之以政，齐之以刑，民免而无耻；道之以德，齐之以礼，有耻且格。"

本章讲的礼，仍然逃不出其规范个体行为规范的范畴，并且拿政和德、刑和礼做对比，以彰显德和礼的优势。事实上，一个自觉遵守礼的人，便是一个有德之人。我们平时说一个人道德高尚，很大程度上是指这个人在为人处世事方面合乎礼仪，因此德也可纳入礼的范畴来关照。

13.3 ……子曰："……名不正，则言不顺；言不顺，则事不成；事不成，则礼乐不兴；礼乐不兴，则刑罚不中；刑罚不中，则民无所错手足。……"

李泽厚先生讲，礼、乐皆由远古图腾和巫术演化而来，开始只是针对个体的行为进行规范，由统治阶级制定，并且服务于统治阶级，便于统治阶级管理。因为涉及不同方面，才又逐渐分化和衍生出仪礼、礼节、礼制、礼法、法术，等等。直到今天，我们生活在法制社会，并且法制已经很健全，就其本质讲，法制和礼是一样的，都是对人的各种行为做出合理规范。因此，法制乃是礼的不断演化和完善。

（四）礼与乐

8.8 子曰："兴于《诗》，立于礼，成于乐。"

礼和乐是两套系统，礼是由外而内地影响人，乐是由内而外地影响人。两者都是对人进行导向，礼侧重于外在行为的规范，乐侧重于内在心灵的净化。

17.11 子曰："礼云礼云，玉帛云乎哉？乐云乐云，钟鼓云乎哉？"

先秦时代，礼乐经常连用，孔子也常常将礼乐对举。相比而言，礼比乐更为重要，因为礼较容易实现，懂得欣赏音乐的人到底不多。且不说音律，单单是歌词，也需要有文化的人方能明白。所以我们读《论语》，乐的部分内容也划归在了礼之下。换言之，礼包含了一部分乐。例如7.32"子与人歌而善，必使反之，而后和之"跟18.4"齐人归女乐，季桓子受之，三日不朝，孔子行"两章，讲的是乐，体现的却是礼。孔子处处维护礼、遵循礼，季桓子却无视礼、违背礼。

综上所述，礼以仁为本，仁的内涵则包括孝、信、恭、宽等多个方面，外在体现为礼。

二、合不合礼

礼即各种规范，按照规范行事就是合礼，不按照规范行事就是不合礼。

（一）合乎礼

3.7 子曰："君子无所争。必也射乎！揖让而升，下而饮。其争也君子。"

孔子教授弟子主要教授六艺（礼、乐、射、御、书、数），其中射指射箭，用于战争必有所争，但若揖让而升、而下、而饮，便是依礼而行，合乎礼仪。

3.14 子曰："周监于二代，郁郁乎文哉！吾从周。"

孔子从周，主要是从周礼。在孔子看来，遵循周礼本身就合乎礼。

3.15 子入太庙，每事问。或曰："孰谓鄹人之子知礼乎？入太庙，每事问。"子闻之，曰："是礼也。"

孔子处处维护周礼，遵循周礼，入太庙，每事问，这便是周礼的体现。

3.16 子曰："射不主皮，为力不同科，古之道也。"

本章同3.3一样，都是在讲射箭，前者强调遵礼射箭比赛，这里强调射箭不可一味比力气，不可把靶子射穿。

（二）不合礼

3.1 孔子谓季氏，"八佾舞于庭，是可忍也，孰不可忍也？"

季氏（季孙意如）乃是大夫，只配享受四佾舞。天子方可享受八佾，季氏享受八佾之舞明显僭越了，违背了礼制。

3.2 三家者以《雍》彻。子曰："'相维辟公，天子穆穆'，奚取于三家之堂？"

三家即三桓（孟孙氏、叔孙氏、季孙氏），均为大夫，《雍》乃是天子祭祀用到的音乐，作为大夫的三家也这样干，明显是违礼的做法。

3.6 季氏旅于泰山。子谓冉有曰："女弗能救与？"对曰："不能。"子曰："呜呼！曾谓泰山不如林放乎？"

国君方可祭拜泰山，季氏什么身份！明显不配祭祀泰山！

3.22 子曰："管仲之器小哉！"或曰："管仲俭乎？"曰："管氏有三归，官事不摄，焉得俭？""然则管仲知礼乎？"曰："邦君树塞门，管氏亦树塞门。邦君为两君之好，有反坫，管氏亦有反坫。管氏而知礼，孰不知礼？"

管仲为大夫，但却处处向国君看齐，明显越礼了。

7.31 陈司败问昭公知礼乎，孔子曰："知礼。"孔子退，揖巫马期而进之，曰："吾闻君子不党，君子亦党乎？君取于吴，为同姓，谓之吴孟子。君而知礼，孰不知礼？"巫马期以告。子曰："丘也幸，苟有过，人必知之。"

礼不止针对平民百姓，同样针对国君。昭公娶同姓女子为妻，违背了周礼。

三、礼坏乐崩

不合礼是不遵循礼的表现，一个国家从上到下都不遵循礼，每人的行为都不合礼，那不就是礼坏乐崩的表现吗？

5.18 子曰："臧文仲居蔡，山节藻棁，何如其知也？"

礼坏，人人也就信马由缰，不讲规矩。推而广之，整个社会就会乱套，整个国家就会混乱。所以，礼坏，是乱的开始，因而孔子重礼。

16.2 孔子曰："天下有道，则礼乐征伐自天子出；天下无道，则礼乐征伐自诸侯出。自诸侯出，盖十世希不失矣；自大夫出，五世希不失矣；陪臣执国命，三世希不失矣。天下有道，则政不在大夫。天下有道，则庶人不议。"

礼乐征伐自天子出，本身就是礼的规定。但孔子生活的春秋晚期，礼乐征伐却是自诸侯出，这便是乱的表现。

四、依礼而行

(一) 好礼

唯有好礼，才会遵循礼。为改变世人，孔子希望人人好礼。要是人人都好礼，都能在礼的要求下行事，社会也就变得和谐起来。

1.15 子贡曰:"贫而无谄,富而无骄,何如?"子曰:"可也;未若贫而乐,富而好礼者也。"……

3.17 子贡欲去告朔之饩羊。子曰:"赐也!尔爱其羊,我爱其礼。"

16.5 孔子曰:"益者三乐,损者三乐。乐节礼乐,乐道人之善,乐多贤友,益矣。乐骄乐,乐佚游,乐晏乐,损矣。"

(二) 约之以礼

约之以礼即以礼约束自己,百姓以礼约束自己,国君也以礼约束自己,整个社会都能以礼行事,理想社会也就为期不远了。

6.27 子曰:"君子博学于文,约之以礼,亦可以弗畔矣夫!"

9.11 颜渊喟然叹曰:"……夫子循循然善诱人,博我以文,约我以礼,欲罢不能。"

用礼来约束自己,就不会背离人生正途,离经叛道。自由,必定是在一定的规则之下,没有绝对的自由,因为你任性的自由必定导致他人的不自由。唯有人人约束自己,方可和谐相处。

(三) 三代之礼

2.23 子张问:"十世可知也?"子曰:"殷因于夏礼,所损益,可知也;周因于殷礼,所损益,可知也。其或继周者,虽百世,可知也。"

3.9 子曰:"夏礼,吾能言之,杞不足征也;殷礼,吾能言之,宋不足征也。文献不足故也。足,则吾能征之矣。"

虽然礼在不断地发展和演化,但其本质不变。个人需要礼来规范,国家社会也需要礼调节。夏、商、周三代之礼有继承也有发展,据此孔子认为礼的发展是可知的。

(四) 礼从俭

3.4 林放问礼之本。子曰:"大哉问!礼,与其奢也,宁俭;丧,与其易也,宁戚。"

9.3 子曰:"麻冕,礼也;今也纯,俭,吾从众。拜下,礼也;今拜乎上,泰也。虽违众，吾从下。"

礼在俭奢层面，注重节俭。林放问礼的本质，孔子认为"心诚"才是礼之本，而不在形式的周全与铺张。俭可以避免繁文缛节，比较接近礼的本源。

（五）礼之用

1.12 有子曰："礼之用，和为贵。先王之道，斯为美；小大由之。有所不行，知和而和，不以礼节之，亦不可行也。"

礼追求的结果是和，唯有礼的节制，方可达到和的状态。

15.18 子曰："君子义以为质，礼以行之，孙以出之，信以成之。君子哉！"

君子总是依礼行事。

11.1 子曰："先进于礼乐，野人也；后进于礼乐，君子也。如用之，则吾从先进。"

孔子自己终身致力于恢复礼乐传统，就算用人，也强调学习和践行礼乐。

14.12 子路问成人。子曰："若臧武仲之知，公绰之不欲，卞庄子之勇，冉求之艺，文之以礼乐，亦可以为成人矣。"曰："今之成人者何必然？见利思义，见危授命，久要不忘平生之言，亦可以为成人矣。"

作为成人（理想的人），不但要有智慧、无欲无求、有勇有谋、擅长技艺，最重要的还是在礼的规范之内行事。

五、不学礼，无以立

8.2 子曰："恭而无礼则劳，慎而无礼则葸，勇而无礼则乱，直而无礼则绞。君子笃于亲，则民兴于仁；故旧不遗，则民不偷。"

恭、慎、勇、直都是好的表现，但若没有礼的节制而陷于极端，就会造成不好的后果。或难免劳倦，或畏葸懦弱，或盲动闯祸，或尖刻刺人。

16.13 陈亢问于伯鱼曰："……鲤趋而过庭。曰：'学礼乎？'对曰：'未也。''不学礼，无以立。'鲤退而学礼。……"

20.3 孔子曰："不知命，无以为君子也；不知礼，无以立也；不知言，无

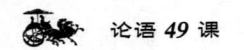

以知人也。"

　　不学礼，无以立；不知礼，无以立也。礼实在是太重要了。孔子认为，一个人要是不学礼，不知礼，没有办法在社会上立足。

24　思想总纲

一直以来，大多数人都认为孔子思想的核心是仁，也有人认为是礼。到底对不对，我们姑且不论。实际上孔子思想不止体现在《论语》当中，固然在《论语》里面都能找到，但是并不全面，而且不成体系。因此若要全面掌握孔子思想，除开《论语》，还得参考其他儒家经典，例如《大学》《中庸》《礼记》《易传》，等等。如果说他的伦理思想（人生观、认识论）一翼主要体现在《论语》当中，那么哲学思想（世界观、方法论）一翼主要体现在《易传》当中。

这也就是说，若要构建孔子思想的完整体系，绝非单单关注仁和礼就行了，还得在厘清以下概念的基础上，理顺它们之间的关系，真正做到"一以贯之"。

仁	义	礼	智	信
温	良	恭	俭	让
忠	宽	敬	敏	惠
天	道	命	时	中
孝	悌	慈	友	勇
廉	耻	诚	躬	慎
乐	直	逊	利	恕

注："智"在《论语》作"知"，表示聪明有智慧的意思；"逊"作"孙"，表示谦逊有礼的意思。

以上35个概念均在《论语》中多次出现，却无一个有过明确定义，并且部分概念存在相互解释的现象，这也就是为什么《论语》难读、难解的原因。

从哲学的角度审视，仁是整个儒学的宗旨，也是孔子的核心思想之一，意即这是以人为本的哲学；礼是为了实行仁的宗旨而创设的具体条文的总纲。

仁的内涵包括《论语》中的一系列概念（温、良、恭、俭、让，等等），这些概念作为一个个具体的德目，均包含在"礼"这一总纲之下。换句话说，这些概念从内在本质上讲，属于仁的内涵分支；从外在表现上讲，则又属于礼之纲的具体条目。

中作为一种方法论，贯穿于仁和礼之间，将二者统一起来。礼必须根据仁的宗旨并且遵照中的法则，方可制定出最合宜、恰当、实用的条文，而仁也只有遵照中的法则并通过礼的具体实施，才能有效地实现其宗旨。换句话说，仁外显则为礼，礼内化则为仁，仁和礼是表和里的关系，并且通过中而达到辩证统一。

因此，仁、中、礼三者共同构成了儒学（孔子思想）的基本框架。

$$\boxed{仁} \Longleftrightarrow 中 \Longleftrightarrow \boxed{礼}$$

作为方法论的中，在人伦道德方面就是义。《中庸》上讲："义者，宜也。"义相当于中的正当、适宜、合理等含义。

因此中与仁、礼的关系，也相当于义与仁、礼的关系。所以也可以说仁、义、礼构成了儒家人伦道德学说（孔子伦理思想）的基本框架。

$$\boxed{仁} \Longleftrightarrow 义 \Longleftrightarrow \boxed{礼}$$

根据《中庸》一书，可知由仁、礼、中构成的整个儒学框架又是建立在诚（忠信）这个基础上的。

诚作为重要的哲学范畴，即真实；作为道德范畴，即诚实。

内心之诚，体现为对人尽心时谓之忠；诚之外在表现，则体现为取信于人的信。

忠和信均是儒学（这里特指孔学）重要的德目，两者尽管有内在和外现之别，而其本原同出于诚。故而诚乃实行仁的最根本的素质。若没有诚，一切德目（《论语》中的那几十个概念，亦即仁之内涵）也就无从谈起了；只有具备了诚的素质，建立其他德目才有了坚实的基础和保障。

概而言之，"仁"是整个儒学的轴心，"诚"是整个儒学得以建立的基础，

"中"贯穿于儒学的一切德目之中,而这一切则外显为"礼"。

```
    ┌───┐  ←─中/义─→  ┌───┐
    │ 仁 │            │ 礼 │
    └───┴────────诚────────┴───┘
        ▲忠                ▲信
```

孔子思想博大精深,把握起来十分不易。这里力求构建孔子的整个思想体系,立足《论语》提炼出孔子的思想总纲。

第四篇　人品高下

25　圣人无名

了解、学习《论语》中的人品，先得明确三套划分人品的标准。其中的一套由封建统治社会（封建礼教）自然形成。

当时的最高当权者通常声称自己受命于天，乃天之子，是为天子。他们拥有的整个中原大地叫天下。天子一方面为了便于管理，一方面也为了奖赏助其取得天下的功臣（主要是自家的亲族），便将天下分割成小块封赏给他们。这些人便是诸侯，他们的领地称为国，又叫邦国。诸侯就是这一国的老大，也就是国君。国君为了便于管理，又会把国进一步切块分封给大夫。大夫的领地称为家，又叫采邑，大夫是家君。孔子当过大司寇，属于大夫这一级。大夫的管家或助理叫做家臣，属于士这一级。孔子一生致力于教育和培养的对象多为这一级人士。家臣又叫宰。《论语》中就曾提到，弟子原思做过孔子的宰。

6.5 原思为之宰，与之粟九百，辞。子曰："毋！以与尔邻里乡党乎！"

综上可见，封建时代乃是依照身份和血统，把人分成三六九等。因此一个人的出身就显得尤为重要了。出生在帝王之家，生来就是贵族，就是君子；若是生在乡村百姓之家，那你就只能算是野人，或称之为鄙夫，只能算作民或众。孔子的先祖乃是宋国的国君，属于王公贵族之后，到他父辈已然没落，沦落到士这个阶级以下了。想必孔子早就认识到以身份和血统决定人的高低贵贱极不合理，于是重新制定了标准。

孔子按照人品，将人分为不同的品级，这当中又有两套标准，一是根据智力，将人分为上智、中上之智、中下之智和下愚四种人。

6.21 子曰："中人以上，可以语上也；中人以下，不可以语上也。"

16.9 孔子曰："生而知之者上也，学而知之者次也；困而学之，又其次也；困而不学，民斯为下矣。"

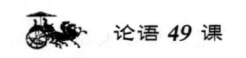

17.3 子曰："唯上知与下愚不移。"

通过以上三章，可知孔子根据智力将人分为四级。其中上智表现为生而知之，生下来就什么都知道了，差不多就是我们今天所说的天才；中上之智表现为学而知之，只要通过学习就可以掌握知识；中下之智表现为困而学之，就是说遇到困惑才去学习；下愚表现为即便遇到困惑也不学习，或不懂得学习。这四等人中，上智之人和下愚之人都不容易被改变：上智之人拥有自己的主张，一般不会受到他人影响；下愚之人是榆木脑袋，油盐不进，想要改变他们基本上不太可能。相比而言，中人比较容易交流，但也需要拿捏分寸。

孔子的意见是，智力中等偏上的人（学而知之者），可以告诉他高深一点的学问；智力中等偏下的人（困而学之者），就不可以告诉他太过高深的学问了。

7.20 子曰："我非生而知之者，好古，敏以求之者也。"

11.18 柴也愚，参也鲁，师也辟，由也喭。

孔子不但根据智力将人分为四等，而且明确告诉大家，他自己并非上智之人，充其量只算是中上之智（学而知之者）。而弟子中，孔子明确说过高柴的智力偏低，实属愚笨，曾参只是鲁钝。好在他跟随孔子学习，成了孔子三千弟子中的一员。

2.9 子曰："吾与回言终日，不违，如愚。退而省其私，亦足以发，回也不愚。"

5.21 子曰："宁武子，邦有道，则知；邦无道，则愚。其知可及也，其愚不可及也。"

愚有假愚，即大智若愚。颜回就属于大智若愚。宁武子在邦无道的时候则会装愚。颜回的大智若愚，很明显孔子是非常认可的；宁武子装愚，作为明哲保身，亦不失为一门求生技能。

17.8 子曰："由也！女闻六言六蔽矣乎？"对曰："未也。""居！吾语女。好仁不好学，其蔽也愚；……"

孔子说喜欢行仁而不喜欢学习，其弊病是容易招致愚弄，自然也就难以去掉身上的愚昧。可见要想变得聪明起来，唯有学习，最低限度也要做到困而学之。

17.16 子曰："古者民有三疾，今也或是之亡也。古之狂也肆，今之狂也荡；古之矜也廉，今之矜也忿戾；古之愚也直，今之愚也诈而已矣。"

我们今天常说，可怜人必有可恨处。同样，愚蠢之人也有奸诈之徒。相比而言，古代的愚蠢之辈很直率。

孔子这样说，想必认识到，根据智力划分人品亦有不妥之处。因此，孔子还有另外一套划分人品的标准，即依据道德来划分。居于道德最顶层的，孔子称之为圣人。比圣人略低的是仁人，又叫仁者。另外孔子口中的贤人和大人差不多也属于这个品级。接下来是君子，善人差不多也属于这个品级。再下来就是有恒者。最低品级统称小人。

为便于大家对照了解，下面先将提到的三套划分人品的标准统计成表格，因为这三套标准往往需要做横向关联，比如圣人，除开道德品级最高，身份地位也最高。换句话说，恐怕只有天子配称圣人。孔子口中的圣人没有多少，尧、舜、禹、汤、文、武、周公旦，除此之外，似乎再也找不出来了。详见下表：

划分者	封建礼教	孔子	
划分标准	身份和血统	道德	智力
最高级	天子	圣人	上智
第2级	诸侯	仁者/贤人/大人	中上
第3级	大夫	君子/善人	中下
第4级	士人	有恒者	下愚
第5级	野人/鄙夫/匹夫（人、民、众、百姓）	小人	

根据《论语》可知，圣人不但极少，而且都是历史人物，就连孔子也没见过。我们今天更不可能见到。

7.26 子曰："圣人，吾不得而见之矣；得见君子者，斯可矣。"子曰："善人，吾不得而见之矣；得见有恒者，斯可矣。亡而为有，虚而为盈，约而为泰，难乎有恒矣。"

孔子没办法见到圣人，于是求其次，认为见到真正的君子也就可以了。其实别说见到圣人了，就连善人也没办法见到，同样也是求其次，认为见到能够长期坚持一件事情的有恒者也就可以了。所以说圣人到底什么样，估计孔子也说不清楚，你我就更不清楚了，但是孔子却给圣人制定了标准。

6.30 子贡曰："如有博施于民而能济众，何如？可谓仁乎？"子曰："何事于仁！必也圣乎！尧舜其犹病诸！夫仁者，己欲立而立人，己欲达而达人。能近取譬，可谓仁之方也已。"

14.42 子路问君子。子曰："修己以敬。"曰："如斯而已乎？"曰："修己以安人。"曰："如斯而已乎？"曰："修己以安百姓。修己以安百姓，尧舜其犹病诸？"

原来圣人要能做到"博施于民而能济众""修己以安百姓"，意思是说要能"广泛地帮助老百姓、周济大众""修炼自己从而安定老百姓"。

这不是一般人能够做得到的。能够做到的，恐怕只有尧舜这样的圣王了。所以说圣人不但品德高尚，智力也高于常人，特别是要身居高位，三者缺一不可。所以面对圣人，我们也只能像司马迁赞美孔子那样，"'高山仰止，景行行止。'虽不能至，然心向往之。"

19.12……子夏闻之，曰："噫！言游过矣！君子之道，孰先传焉？孰后倦焉？譬诸草木，区以别矣。君子之道，焉可诬也？有始有卒者，其惟圣人乎！"

子夏乃是孔子高足，列为孔门四科十哲的文献科，但在谈到传授知识的时候，认为有始有终并且全面兼顾的，也只有圣人能够做到！可见圣人真不是一般人。

9.6 太宰问于子贡曰："夫子圣者与？何其多能也？"子贡曰："固天纵之将圣，又多能也。"子闻之，曰："太宰知我乎！吾少也贱，故多能鄙事。君子多乎哉？不多也。"

孔子不但说自己没有办法见到圣人，从未认为自己是圣人，而且认为自己年少之时地位卑贱，多能鄙事，甚至连君子都谈不上。至于我们今天称孔子为孔圣人，大概和孔子称尧舜为圣人差不多吧！

16.8 孔子曰："君子有三畏：畏天命，畏大人，畏圣人之言。小人不知天命而不畏也，狎大人，侮圣人之言。"

尽管圣人离我们非常遥远，但不可侮圣人之言，反当畏圣人之言。因为圣人永远是神一般的存在，引导我们向善、向上、向前进。

26　仁者无忧

仁者，又称仁人，仅次于圣人。仁者与圣人的区别在于是否有地位，仁者无论道德和智慧都逼近圣人，唯独缺少地位。和圣人一样，仁者也是凤毛麟角，生活在孔子以前的时代，孔子不曾见到过，我们自然也就无缘得见。

16.8 孔子曰："君子有三畏：畏天命，畏大人，畏圣人之言。小人不知天命而不畏也，狎大人，侮圣人之言。"

孔子将大人与天命和圣人之言对列，足见大人的品级相当高，而且明显高于君子，因为君子应畏大人；但又没有到圣人这个层次。大人大抵和仁者一个层次；贤人大抵也和仁者差不多。三者大抵属于同一品级。

6.11 子曰："贤哉，回也！一箪食，一瓢饮，在陋巷，人不堪其忧，回也不改其乐。贤哉，回也！"

15.14 子曰："臧文仲其窃位者与！知柳下惠之贤而不与立也。"

颜回箪食瓢饮、穷居陋巷，仍不改其乐；柳下惠有贤德，却遭冷遇。孔子反复称颂弟子颜回，替柳下惠鸣不平。足见二人在孔子眼里是真正的贤人。

7.15 冉有曰："夫子为卫君乎？"子贡曰："诺；吾将问之。"入，曰："伯夷、叔齐何人也？"曰："古之贤人也。"曰："怨乎？"曰："求仁而得仁，又何怨？"出，曰："夫子不为也。"

这里是说，伯夷、叔齐乃是古之贤人，但他们求仁得仁，又是仁者。因此贤人和仁者大致属于同一品级。

依据《史记·伯夷列传》所记，伯夷和叔齐是商朝孤竹国国君孤竹君的两个王子，伯夷是大儿子，叔齐是三儿子。孤竹君年老，欲立三儿子叔齐继承王位。孤竹君死后，叔齐让位给大哥伯夷，大哥伯夷以不尊父命为由，遂逃出孤竹国；叔齐也不肯就任，也逃走了。出逃路上，兄弟二人又巧遇碰到了一起。一路上，他们都听说西伯昌有德，善养老人，于是决定一起过去考察一下。快到西岐边境，听说西伯昌已经逝去，武王正兴兵伐商，于是二人就朝着周兵来临的方向迎上去，拦马谏阻："父死不葬，爰及干戈，可谓孝乎？以臣弑君，可谓仁乎？"意思是说："父亲死了不安葬，偏偏大动干戈去打仗，这难道是孝的行为吗？身为臣子，偏偏要去杀害国君，这难道算是仁义之举吗？"武王手下就要对兄弟二人动粗，姜太公制止说："此义人也。""扶而去之。"算是救了兄弟二人性命。武王克商后，天下宗周，而伯夷、叔齐两兄弟耻食周粟，隐于首阳山，采集野菜充饥，快要饿死的时候做了一首歌。这首歌的歌词是这样的："登彼西山兮，采其薇矣。以暴易暴兮，不知其非矣。神农、虞、夏忽焉没兮，我安适归矣？于嗟徂兮，命之衰矣！"后来就都饿死于首阳山。

在孔子看来，伯夷、叔齐两兄弟的所作所为属于求仁得仁，乃是古代的贤人，他们的心中是不会有什么怨恨的。

14.16 子路曰："桓公杀公子纠，召忽死之，管仲不死。"曰："未仁乎？"子曰："桓公九合诸侯，不以兵车，管仲之力也。如其仁，如其仁。"

14.17 子贡曰："管仲非仁者与？桓公杀公子纠，不能死，又相之。"子曰："管仲相桓公，霸诸侯，一匡天下，民到于今受其赐。微管仲，吾其被发左衽矣。岂若匹夫匹妇之为谅也，自经于沟渎而莫之知也？"

公子纠有两位老师，那就是管仲和召忽。齐襄公时，政令无常，公子纠恐遭杀害，便携管仲、召忽奔鲁。襄公与公孙无知被杀后，齐国内乱，鲁国派兵护送公子纠返齐争位。管仲一箭射中公子小白（即后来的齐桓公）的衣扣，小白倒地装死。管仲派人回鲁国报捷。鲁国于是就慢慢地送公子纠回国，过了六天才赶到，没想到出奔在莒国的公子小白已先一步回到齐国即位。齐桓公即位以后，扬言攻打庇护公子纠的鲁国。鲁国担心齐国的入侵，所以就在笙渎（在今山东省菏泽市牡丹区北）处死了公子纠。召忽自杀。管仲则活了下来，并辅佐齐桓公称霸诸侯。

孔子认为管仲若同召忽一道随公子纠而死，自然也能成其忠贞的美德，但他以一己之力促成齐桓公多次主持诸侯和平会盟，使得天下百姓免受战火荼毒，过上了安定的日子，人民直到孔子生活的时代依然受到他的好处。要是没有管仲，恐怕人们都会披头散发，穿着衣襟向左边开的衣服（意即沦为野蛮部族)。相反,如果管仲像老百姓那样坚守小信小忠,自缢于沟渎之中,也就算不上仁者了。

18.1 微子去之,箕子为之奴,比干谏而死。孔子曰:"殷有三仁焉。"

微子、箕子、比干都是商王朝的重臣。箕子、比干和帝辛(商纣王)的父亲帝乙属于亲兄弟,都是文丁的儿子。微子是商纣王的长兄,都是帝乙的儿子。

纣王无道,微子毅然离开了纣王,周朝时被封宋国,成为宋国第一任国君;箕子甘心做了纣王的奴隶,据称建立了今天的朝鲜;比干因劝谏纣王而被挖心,被活活处死了。三人以各自的方式尽了做臣子的义务,虽然遭遇各不相同,但都成就了仁德,在孔子眼中都算得上仁者。

根据以上叙述,单就《论语》书中,孔子眼中的仁者只有区区六人。

孔子依照古代这六人的标准来考量与他生活在同一时代的人,一番考量下来,算得上仁者的一个都没有,就连他自己也都不够格。

7.34 子曰:"若圣与仁,则吾岂敢?抑为之不厌,诲人不倦,则可谓云尔已矣。"公西华曰:"正唯弟子不能学也。"

孔子很谦逊地说:"圣与仁的称号,我哪里担当得起呢?不过是以此为目标,努力追求永不厌烦;教育别人,永不疲倦。仅此而已。"

孔子有这番识见,我们自然也可以说他算得上是仁者了。他说自己不配,那是因为他对自己有着更高的要求。

除开说自己不是仁者之外,孔子还曾委婉道出以下几个人不是仁者。

5.8 孟武伯问子路仁乎?子曰:"不知也。"又问。子曰:"由也,千乘之国,可使治其赋也,不知其仁也。""求也何如?"子曰:"求也,千室之邑,百乘之家,可使为之宰也,不知其仁也。""赤也何如?"子曰:"赤也,束带立于朝,可使与宾客言也,不知其仁也。"

孔子说他不知道弟子仲由、冉求、公西赤三个人是否称得上仁者,言下之意是说他们三个都未达到仁者的标准。若达到了,孔子自会直言。但孔子肯定了三名弟子的能力:拥有千辆兵车的国家,可以让仲由负责兵役和军政工作;拥有千户人口、百辆兵车的地区,可以让冉求当第一行政长官;穿上礼服行走朝堂之上,可以让冉求接待外宾。

5.19 子张问曰："令尹子文三仕为令尹，无喜色；三已之，无愠色。旧令尹之政，必以告新令尹。何如？"子曰："忠矣。"曰："仁矣乎？"曰："未知；——焉得仁？""崔子弑齐君，陈文子有马十乘，弃而违之。至于他邦，则曰，'犹吾大夫崔子也。'违之。之一邦，则又曰：'犹吾大夫崔子也。'违之。何如？"子曰："清矣。"曰："仁矣乎？"曰："未知；——焉得仁？"

相反，孔子认为令尹子文和陈文子都不配称为仁者。回答得相当干脆，理由是这两个人尚未能够做到"智"。

可见仁者也需有大智大慧。总而言之，仁者需要做到以下两点：

一是要能够自己回复到礼上。说得具体一点，就是不合礼的别看，不合礼的别听，不合礼的别说，不合礼的别干。简而言之，依礼而行。

12.1 颜渊问仁。子曰："克己复礼为仁。一日克己复礼，天下归仁焉。为仁由己，而由人乎哉？"

二是要能够做到"己欲立而立人，己欲达而达人"。也就是说，自己想要站稳脚跟也要让别人站稳脚跟，自己想要万事通达也要让别人万事通达。

6.30 子贡曰："如有博施于民而能济众，何如？可谓仁乎？"子曰："何事于仁！必也圣乎！尧舜其犹病诸！夫仁者，己欲立而立人，己欲达而达人。能近取譬，可谓仁之方也已。"

14.42 子路问君子。子曰："修己以敬。"曰："如斯而已乎？"曰："修己以安人。"曰："如斯而已乎？"曰："修己以安百姓。修己以安百姓，尧舜其犹病诸？"

综上所述，仁者要能做到依礼而行，并且要能做到心中有人，不但要自己好，还要努力帮助别人变好，亦即"修己以安人"。换句话说，作为仁者，要能推己及人，心中要有爱，而且需有大爱。若想再进一步，做到"博施于民而能济众"或者"修己以安百姓"，若不是尧舜那样的圣人，怕是根本就办不到的。

27　善人有恒

（一）善人

善人，行善之人，指有心行善与行善有成的人。

7.26 子曰："圣人，吾不得而见之矣；得见君子者，斯可矣。"子曰："善人，吾不得而见之矣；得见有恒者，斯可矣。亡而为有，虚而为盈，约而为泰，难乎有恒矣。"

知道难求其上，于是求其中，又于其中再求其中。由此可知：善人和君子差不多属于同一个品级，而有恒者居于善人的下一个品级。

11.20 子张问善人之道。子曰："不践迹，亦不入于室。"

这里是讲成为善人的法门，意思是说善人不会循着别人的脚步前行，但修养、学问、道德也还没到家。

13.11 子曰："'善人为邦百年，亦可以胜残去杀矣。'诚哉是言也！"

这里是说善人治国，可以化解残暴去除杀戮。何以如此？因为善人治国必以善道去影响和引导众人向善。

13.29 子曰："善人教民七年，亦可以即戎矣。"

上面 13.11 既然说善人能够治国，自然也能够指导人民保家卫国。即戎，上战场杀敌人。战场杀敌是为了保家卫国，而这之前首先需要种善心。谁种？自然是善人帮他们（人民）种了。

20.1 周有大赉，善人是富。"虽有周亲，不如仁人。百姓有过，在予一人。"

这里是说，周朝大举分封，目的是让善人都富起来。武王说："我虽有许多至亲，但是比不上有许多行仁的部属……"

周朝获封之人，从身份上讲，属于诸侯这个阶级。但在孔子的品级划分

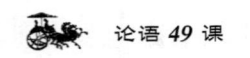

中，则对应于大夫这个品级。

（二）有恒者

有恒者是指能够长期坚持、专注于某件事情的人。为什么要坚持呢？因为 9.19 "譬如为山，未成一篑，止，吾止也。譬如平地，虽覆一篑，进，吾往也"。这就是说：好比堆土成山，哪怕只差一筐土，若这个时候停下来，那么这座山就堆不成；又好比填土平地，哪怕刚倒一筐土，但只要继续，那么早晚都能够填平。

真正能够做到这一点的，孔子自己算一个，弟子中唯有颜回。也许还有其他弟子也能够做到有恒，但是《论语》未曾提及。

7.2 子曰："默而识之，学而不厌，诲人不倦，何有于我哉？"

7.34 子曰："若圣与仁，则吾岂敢？抑为之不厌，诲人不倦，则可谓云尔已矣。"公西华曰："正唯弟子不能学也。"

上面 7.2 是反躬自省，孔子检查自己到底做到了哪些？7.34 则自己给出了答案：学而不厌属于"恒"的表现，诲人不倦同样属于"恒"的表现。但在弟子心中，早已把孔子看成圣人、仁人，所以才有此答语。

6.7 子曰："回也，其心三月不违仁，其余则日月至焉而已矣。"

这是说颜回能够做到长时间不违仁，其他学生只能在短时间内做到这一步。这里"三月"与后文的"日月"相对，并非确指三个月，而是长期、长久的意思；与此相同，"日月"非指一天一夜，而是较短时间的意思。

13.22 子曰："南人有言曰：'人而无恒，不可以作巫医。'善夫！'不恒其德，或承之羞。'"子曰："不占而已矣。"

何以强调"有恒"，何以"有恒者"值得肯定？上面 13.22 给出了答案：无恒者就连巫医都做不了；一个人若不能恒久保持美德，或将蒙受羞辱。

一个人要想有所成就，何尝不需要"有恒"？我们今天常说"坚持就是胜利"，坚持何尝不是"有恒"的表现呢？做不到孔子口中的善人，那就努力做一个有恒者吧！

28　泛论君子

君子原本为君王之子，逐渐演变为达官显贵家的公子哥。到孔子生活的时代"君子"一词的内涵开始分野，由单一的身份君子衍生出道德君子。君子与小人相对，同样小人也分为身份小人和道德小人。身份君子与身份小人相对；道德小人与道德小人相对。到了现在，君子和小人不再作为身份的标志，只用于道德范畴。比如我们常说某人是个正人君子，某人是伪君子，均是从道德层面讲的。又如我们说某人是小人，是说这人的道德品质很坏。不同于孔子生活的时代，说某人是小人，可能是说这人身份卑微，也可能是说这人道德品行不够好。

君子是《论语》中的高频词（出现107次），孔子及弟子为君子赋予了许多品质。我们只需把这些品质一个一个地提取出来并且加以统整，就可进行理解了。笔者创建了一个阅读统计表，将其分为 A、B、C、D 四类：A 类记录君子应当怎样，B 类记录君子不能怎样，C 类记录君子特征，D 类记录其他。具体如下表。

篇章	A（应当怎样）	B（不能怎样）	C（君子特征）	D（其他）
1.1		不愠		
...				
1.8	自重			
...				
5.3				子贱是君子中的标杆
...				
6.4			周急不继富	
...				

1.1 子曰:"……人不知,而不愠,不亦君子乎?"(B. 不愠)

1.2 有子曰:"……君子务本,本立而道生。孝弟也者,其为仁之本与!"(A. 务本)

1.8 子曰:"君子不重,则不威。……"(A. 自重)

1.14 子曰:"君子食无求饱,居无求安,敏于事而慎于言,就有道而正焉,可谓好学也已。"(A. 食无求饱,居无求安,敏事慎言,就有道而正)

2.12 子曰:"君子不器。"(B. 不器)

2.13 子贡问君子。子曰:"先行其言而后从之。"(A. 干了再说)

3.7 子曰:"君子无所争。必也射乎!揖让而升,下而饮。其争也君子。"(A. 不争,争必揖让)

3.24 仪封人请见,曰:"君子之至于斯也,吾未尝不得见也。"……(D. 君子之至)

4.5 子曰:"……君子去仁,恶乎成名?君子无终食之间违仁,造次必于是,颠沛必于是。"(B. 不去仁,不违仁)

4.10 子曰:"君子之于天下也,无适也,无莫也,义之与比。"(C. 立身处世以义为准)

4.24 子曰:"君子欲讷于言而敏于行。"(A. 讷于言,敏于行)

5.3 子谓子贱,"君子哉若人!鲁无君子者,斯焉取斯?"(D. 子贱是君子中的标杆)

5.16 子谓子产,"有君子之道四焉:其行己也恭,其事上也敬,其养民也惠,其使民也义。"[D. 子产具备四种君子品格(C. 言行举止规规矩矩,对待君上恭恭敬敬,教养万民广施恩惠,役使百姓适当合理)]

6.4 ……子曰:"……吾闻之也:君子周急不继富。"[C. 周急不继富(只会雪里送炭,不会锦上添花)]

6.18 子曰:"质胜文则野,文胜质则史。文质彬彬,然后君子。"(C. 文质彬彬)

6.26 ……子曰:"……君子可逝也,不可陷也;可欺也,不可罔也。"(A. 可逝、可欺;B. 不可陷、不可罔)

6.27 子曰:"君子博学于文,约之以礼,亦可以弗畔矣夫!"(A. 博学于

126

文、约之以礼）

7.26 子曰："圣人，吾不得而见之矣；得见君子者，斯可矣。"（D. 君子仅次于圣人）

7.31 ……孔子退，揖巫马期而进之，曰："吾闻君子不党，君子亦党乎？君取于吴，为同姓，谓之吴孟子。君而知礼，孰不知礼？"……（B. 不党）

7.33 子曰："文，莫吾犹人也。躬行君子，则吾未之有得。"（D. 孔子认为自己在生活实践中尚未达到君子的要求）

8.2 子曰："……君子笃于亲，则民兴于仁；故旧不遗，则民不偷。"（D. 君子厚待亲人，百姓就会走向仁德）

8.4 ……曾子言曰："……君子所贵乎道者三：动容貌，斯远暴慢矣；正颜色，斯近信矣；出辞气，斯远鄙倍矣。……"［C. 贵三种道（A. 动容貌、正颜色、出辞气）］

8.6 曾子曰："可以托六尺之孤，可以寄百里之命，临大节而不可夺也——君子人与？君子人也。"（C. 可托六尺之孤、可寄百里之命、临大节而不可夺）

9.6 ……子闻之，曰："太宰知我乎！吾少也贱，故多能鄙事。君子多乎哉？不多也。"（C. 多能鄙事）

9.14 ……子曰："君子居之，何陋之有？"（D. 君子居住的地方不会偏远闭塞）

10.6 君子不以绀緅饰，红紫不以为亵服。……（C. 君子穿衣服很讲究）

11.1 子曰："先进于礼乐，野人也；后进于礼乐，君子也。如用之，则吾从先进。"（D. 孔子认为后进礼乐的弟子多为君子，这里的君子指卿大夫的子弟，是就身份而言）

11.21 子曰："论笃是与，君子者乎？色庄者乎？"（D. 言论笃实尚不足以判断一个人是不是君子；C. 君子定然言论笃实）

11.26 ……"求！尔何如？"对曰："方六七十，如五六十，求也为之，比及三年，可使足民。如其礼乐，以俟君子。"……（D. 冉求的政治构想是将礼乐教化的事情推给别人）

12.4 司马牛问君子。子曰："君子不忧不惧。"曰："不忧不惧，斯谓之君

127

子已乎?"子曰:"内省不疚,夫何忧何惧?"(B. 不忧不惧)

12.5……子夏曰:"商闻之矣:死生有命,富贵在天。君子敬而无失,与人恭而有礼。四海之内,皆兄弟也——君子何患乎无兄弟也?"(C. 敬而无失、恭而有礼;B. 不必担心没有兄弟)

12.8 棘子成曰:"君子质而已矣,何以文为?"子贡曰:"惜乎,夫子之说君子也!驷不及舌。文犹质也,质犹文也。虎豹之鞟犹犬羊之鞟。"[A. 文质兼具(文质彬彬)]

12.24 曾子曰:"君子以文会友,以友辅仁。"(C. 以文会友、以友辅仁)

13.3 子曰:"野哉,由也!君子于其所不知,盖阙如也。……故君子名之必可言也,言之必可行也。君子于其言,无所苟而已矣。"(A/C. 对自己不了解的事情持保留态度)

14.5 南宫适问于孔子曰:"羿善射,奡荡舟,俱不得其死然。禹稷躬稼而有天下。"夫子不答。南宫适出,子曰:"君子哉若人!尚德哉若人!"(D. 孔子认为南宫适是君子)

14.26 子曰:"不在其位,不谋其政。"曾子曰:"君子思不出其位。"(C. 思不出位)

14.27 子曰:"君子耻其言而过其行。"(B. 说得多而做得少)

14.28 子曰:"君子道者三,我无能焉:仁者不忧,知者不惑,勇者不惧。"子贡曰:"夫子自道也。"[D. 孔子认为自己没能达到君子的三项标准(仁者不忧、知者不惑、勇者不惧)]

14.42 子路问君子。子曰:"修己以敬。"曰:"如斯而已乎?"曰:"修己以安人。"曰:"如斯而已乎?"曰:"修己以安百姓。修己以安百姓,尧舜其犹病诸?"(D/A. 成为君子,需得修炼自己以达到谨慎从事、安抚他人的境界)

15.7 子曰:"……君子哉蘧伯玉!邦有道,则仕;邦无道,则可卷而怀之。"[D. 孔子认为蘧伯玉达到了君子的标准(C. 邦有道,则仕;邦无道,则可卷而怀之)]

15.18 子曰:"君子义以为质,礼以行之,孙以出之,信以成之。君子哉!"(C/A. 持守正义,依礼行事,言语谦和,借助诚信来完成事情)

第四篇　人品高下

15.19 子曰："君子病无能焉，不病人之不己知也。"（A. 惭愧自己没能力；B. 怨恨别人不了解自己）

15.20 子曰："君子疾没世而名不称焉。"（A/B. 疾没世而名不称）

15.22 子曰："君子矜而不争，群而不党。"（C/AB. 矜而不争、群而不党）

15.23 子曰："君子不以言举人，不以人废言。"（C/B. 不以言举人，不以人废言）

15.32 子曰："君子谋道不谋食。耕也，馁在其中矣；学也，禄在其中矣。君子忧道不忧贫。"（C/B. 谋道不谋食、忧道不忧贫）

15.37 子曰："君子贞而不谅。"〔A/C. 贞而不谅（坚持大的原则而不拘泥于小信）〕

16.1 ……孔子曰："求！君子疾夫舍曰欲之而必为之辞。丘也闻有国有家者，不患寡而患不均，不患贫而患不安。……（C. 讨厌口是心非）

16.6 孔子曰："侍于君（子）有三愆：言未及之而言谓之躁，言及之而不言谓之隐，未见颜色而言谓之瞽。"

本章"君子"应为"君"才是，"子"当为衍字。这里不做"君子"解读。

16.7 孔子曰："君子有三戒：少之时，血气未定，戒之在色；及其壮也，血气方刚，戒之在斗；及其老也，血气既衰，戒之在得。"〔A. 三戒（戒色、戒斗、戒得）〕

16.10 孔子曰："君子有九思：视思明，听思聪，色思温，貌思恭，言思忠，事思敬，疑思问，忿思难，见得思义。"（A. 九思）

16.13 陈亢退而喜曰："问一得三，闻诗，闻礼，又闻君子之远其子也。"（C. 即便对自己的儿子也没有偏私）

17.7 佛肸召，子欲往。子路曰："昔者由也闻诸夫子曰：'亲于其身为不善者，君子不入也。'佛肸以中牟畔，子之往也，如之何？"（C/B. 不会去亲自干坏事的人那里帮忙）

17.21 宰我问："三年之丧，期已久矣。君子三年不为礼，礼必坏；三年不为乐，乐必崩。……""……夫君子之居丧，食旨不甘，闻乐不乐，居处不

129

安,故不为也。……"(A. 时刻为礼;C. 守孝期间,吃饭不香,听音乐不觉得好听,住好房子也不感到安宁)

17.24 子贡曰:"君子亦有恶乎?"子曰:"有恶:恶称人之恶者,恶居下而讪上者,恶勇而无礼者,恶果敢而窒者。"……〔C. 有恶(A. 恶称人之恶者,恶居下而讪上者,恶勇而无礼者,恶果敢而窒者)〕

18.7 ……子路曰:"不仕无义。长幼之节,不可废也;君臣之义,如之何其废之?欲洁其身,而乱大伦。君子之仕也,行其义也。道之不行,已知之矣。"(C/A. 做官是做道义上应做的事)

18.10 周公谓鲁公曰:"君子不施其亲,不使大臣怨乎不以。故旧无大故,则不弃也。无求备于一人!"(D. 国君不疏远他的亲族,不让大臣埋怨没有被重用。这里的"君子"特指诸侯国君)

19.3 ……子张曰:"异乎吾所闻:君子尊贤而容众,嘉善而矜不能。我之大贤与,于人何所不容?我之不贤与,人将拒我,如之何其拒人也?"(C/A. 尊贤而容众,嘉善而矜不能)

19.4 子夏曰:"虽小道,必有可观者焉;致远恐泥,是以君子不为也。"(C. 君子有所不为,比如"小道")

19.7 子夏曰:"百工居肆以成其事,君子学以致其道。"(C. 通过学习求取真理)

19.9 子夏曰:"君子有三变:望之俨然,即之也温,听其言也厉。"(C. 有三种变化:望之俨然,即之也温,听其言也厉)

19.10 子夏曰:"君子信而后劳其民;未信,则以为厉己也。信而后谏;未信,则以为谤己也。"(A. 国君最好先获得信任再役使百姓。这里"君子"指国君,是就身份而言)

19.12 ……子夏闻之,曰:"噫!言游过矣!君子之道,孰先传焉?孰后倦焉?譬诸草木,区以别矣。君子之道,焉可诬也?有始有卒者,其惟圣人乎!"(D. 君子之道不可轻视,传授君子之道要讲究方式方法跟先后顺序)

19.20 子贡曰:"纣之不善,不如是之甚也。是以君子恶居下流,天下之恶皆归焉。"(C. 恶居下流)

19.21 子贡曰:"君子之过也,如日月之食焉:过也,人皆见之;更也,

人皆仰之。"（C. 有过错不隐瞒）

19.25……子贡曰："君子一言以为知，一言以为不知，言不可不慎也。……"（A. 讲话需谨慎）

20.2……子曰："君子惠而不费，劳而不怨，欲而不贪，泰而不骄，威而不猛。"……"……君子无众寡，无小大，无敢慢，斯不亦泰而不骄乎？君子正其衣冠，尊其瞻视，俨然人望而畏之，斯不亦威而不猛乎？……"（C/A. 惠而不费、劳而不怨、欲而不贪、泰而不骄、威而不猛；无论人多人少，无论势力大势力小，一律不敢怠慢；正其衣冠，尊其瞻视）

20.3孔子曰："不知命，无以为君子也；……"（A. 知命）

根据以上研读，我们发现C项最多。C项属于君子身上的某些特征，这些特征正是君子需要具备的，因此大多C项包含A项。

A项从正面告诉我们作为一名君子应当怎样；B则从反面告诉我们作为一名君子不应怎样。不同的是，A项若能够全部做到、全部具备，自然也就包含所有C项；B项多为小人的一些特征，应当去除。D项部分内容没有多大的研究价值，但是其中关于如何成为一名君子的内容，还是值得研读和学习的。

阅读的过程中，提炼是为了精准确定关乎君子孔子和他的弟子都说了些什么；统整是合并同类项；理解是为了评价做准备。除开提炼、统整、理解，我们还需要做出选择。舍弃那些不合时宜的提法，明确哪些是能够办到的，哪些是不可能办到的，真正做到孔子所说的"择其善者而从之"。

29 君子小人

儒家极其重视君子人格的塑造。孔子要求弟子成为君子那样的儒者，而不要成为小人那样的儒者。无论从身份上区分，还是从道德上判定，君子的反面都是小人。孔子时刻以君子的标准严格要求自己，谈到君子，总喜欢拿小人做对比。小人的品行多为君子的反面，这是孔子努力摈弃的。君子和小人的对比，具体可见下表：

篇章	君子	小人	类别
2.14	周而不比	比而不周	A
4.11	怀德	怀土	B
4.11	怀刑	怀惠	B
4.16	喻于义	喻于利	B
6.13	为君子儒	无为小人儒	D
7.37	坦荡荡	长戚戚	A
12.16	成人之美，不成人之恶	成人之恶，不成人之美	A
12.19	德风	德草	B
13.23	和而不同	同而不和	A
13.25	易事而难说	难事而易说	A
13.26	泰而不骄	骄而不泰	A
14.6	有不仁者	未有仁者	D
14.23	上达	下达	A
15.2	君子固穷	穷斯滥矣	A
15.21	求诸己	求诸人	A

续表

篇章	君子	小人	类别
15.34	不可小知而可大受	不可大受而可小知	A
16.8	有三畏	无三畏且变本加厉	A
17.4	学道则爱人	学道则易使也	B
17.23	有勇而无义为乱	有勇而无义为盗	B
13.4		樊迟是个小人	D
13.20		言必信，行必果，小人亦可做到	D
17.12		面上很凶，内心怯懦	C
17.25		难养	C
19.8		有过必会掩饰	C

  我们今天谈到君子，通常说君子风度、君子人格，而提到小人，则会说小人行径，均是从道德层面而言的。君子的道德品行好，小人的道德品行差。社会上欢迎和仰慕君子，而鄙弃和讨厌小人。但在《论语》里面，无论君子，还是小人，都要做区别对待：小人可以只是身份地位卑微，小人也能够13.20"言必行，行必果"，意思是说身份小人也能够做到言而有信（当然，孔子的本意是讲信用也要看对象，不可一味地信守承诺）。因此我们鄙弃的是道德小人，对于身份小人身上的一些闪光点，同样值得肯定，同样值得学习。而要做到区别对待，就需要我们在阅读的时候作出鉴别，分辨哪些篇章中的小人属于身份小人，哪些篇章中的小人属于道德小人。

  君子同样如此。《论语》中的君子多为道德君子，但在孔子所生活的时代，君子也包括身份君子。所以，不是每个君子都那么的道德高尚、品行纯良。孔子也说14.6"君子而不仁者有矣夫"，这里提到的君子指身份君子，有身份，有地位，但并不是仁者。

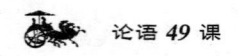

30　士人以下

士人是最低阶层的贵族，士人还可以根据智力、道德或能力进一步划分，士人以下还有野人、鄙夫、匹夫，等等。

一、士人

士在《论语》中共计出现18次。其中"士"14次，3处代指男子，是男子的美称，11处同"士人"；"志士"1次，表示有志之士；"士师"2次，意即法官；"执鞭之士"1次，等同市场上的保安。如下：

（一）志士
15.9 子曰："志士仁人，无求生以害仁，有杀身以成仁。"

（二）士师
18.2 柳下惠为士师，三黜。……
19.19 孟氏使阳肤为士师，问于曾子。……

（三）执鞭之士
7.12 子曰："富而可求也，虽执鞭之士，吾亦为之。如不可求，从吾所好。"

（四）辟人之士、辟世之士、周有八士
18.6 ……桀溺曰：……"滔滔者天下皆是也，而谁以易之？且而与其从辟人之士也，岂若从辟世之士哉？"耰而不辍。……

18.11 周有八士：伯达、伯适、仲突、仲忽、叔夜、叔夏、季随、季骃。

从阶级上讲，士是最低阶层的贵族；若从数量上讲，士是贵族阶级的大多数，也是孔子主要教育的对象。

（五）最低阶层的贵族

4.9 子曰："士志于道，而耻恶衣恶食者，未足与议也。"

士人能文能武，若有志于道，即探寻真理、追求理想人生，就不应该以衣衫褴褛粗茶淡饭为耻辱，而要做到忍饥挨冻，精神敞亮。

8.7 曾子曰："士不可以不弘毅，任重而道远。……"

士人需要有恢弘的气度和刚毅的品质，因为责任重大而路途遥远。所谓路途，是指追求理想人生的道路。

12.20 子张问："士何如斯可谓之达矣?"……

13.20 子贡问曰："何如斯可谓之士矣?"子曰："行己有耻，使于四方，不辱君命，可谓士矣。"……

13.28 子路问曰："何如斯可谓之士矣?"子曰："切切偲偲，怡怡如也，可谓士矣。朋友切切偲偲，兄弟怡怡。"

以上三章一是问怎样做才配称"士"，孔子针对两位弟子给出了不同的答案，这便是孔子因材施教的体现。子贡口才好，会经商，善与人打交道，曾代表鲁国出使诸国，孔子于是从三个层面做出了回答：最高层次是说，一切行为需有廉耻之心，出使外国，不辜负君主的使命；子路性子耿直，说话、处事直来直去，一是一，二是二，从不弯弯绕，孔子于是告诉他要相互指正，和睦相处。很明显，孔子是有针对性地回答问题。12.20 是问士人要怎样做才称得上"达"，据此可知士人也有上士、中士和下士之分，这里不做展开。

14.2 子曰："士而怀居，不足以为士矣。"

贪图安逸的士人，不配称为士人，亦即不可"怀居"，料想当应"怀仁""怀德"。这可作为 13.20 和 13.28 两章答案的补充。

15.10 子贡问为仁。子曰："工欲善其事，必先利其器。居是邦也，事其大夫之贤者，友其士之仁者。"

这是说士人中也会有仁者/仁人。孔子生活时代谁是仁人？孔子没讲，但从本章可知士人中也有道德高尚之辈，能够达到孔子眼中的仁者标准。

19.1 子张曰："士见危致命，见得思义，祭思敬，丧思哀，其可已矣。"

这里又对士人提了几点要求，也是士人需要具备的素质。亦可作为 13.20 和 13.28 两章答案的补充。

士人以下，便是匹夫、野人、鄙夫了，三者地位差不多，所指也差不多。

二、匹夫

9.26 子曰："三军可夺帅也，匹夫不可夺志也。"

14.17 ……子曰："管仲相桓公，霸诸侯，一匡天下，民到于今受其赐。微管仲，吾其被发左衽矣。岂若匹夫匹妇之为谅也，自经于沟渎而莫之知也？"

可以肯定的是，匹夫指男人，因为除开匹夫，还有匹妇。匹夫不可夺志，正说明匹夫是广大劳动人民，相当于今天的每位公民。

三、野人

11.1 子曰："先进于礼乐，野人也；后进于礼乐，君子也。如用之，则吾从先进。"

这里把野人和君子相对。很明显，这里的君子是指身份君子，因此野人当只是身份上区别于君子的人，可理解为乡野之人。

四、鄙夫

9.8 子曰："吾有知乎哉？无知也。有鄙夫问于我，空空如也。我叩其两端而竭焉。"

17.15 子曰："鄙夫可与事君也与哉？其未得之也，患得之当作患不得之。既得之，患失之。苟患失之，无所不至矣。"

根据以上两章大致可以做出这样的猜测：其一，鄙夫没有学问，因此孔子在教育他的时候尤其需要注重方式方法，孔子采取的办法是"叩其两端"，意思是说从他问题的正反两个方面通过提供问题的方式，逐渐让他明白；其二，鄙夫容易患得患失，缺乏道德底线，孔子认为鄙夫一旦害怕失去就会什么事情都干得出来。如此一来，鄙夫不止身份卑微，而且道德低下。相反，野人只是身份卑微，住地偏远。

以上所讲的士、匹夫、野人、鄙夫，是指从阶级上分出来的群体。

第五篇　孔子画像

31 生活趣事

一、孔子骂人

5.10. 宰予大白天睡懒觉

宰予白天睡觉，孔子气愤至极，气得无话可说，直骂宰予是雕刻不得的朽木、被粪脏污了的烂泥墙。

9.12. 子路使门人成立治丧委员会

孔子病得非常厉害，子路担心不会好转，于是安排师兄弟成立了治丧委员会。孔子病情好转，得知此事后，大骂子路干的是骗人的勾当，理由是孔子认为自己不配享受治丧委员会。

11.17. 冉求为季氏敛财

身为大夫的季氏竟比周公还富裕，作为季氏管家的冉求却还要替他搜刮金银财宝以增加他的财富。孔子认为冉求的行为很可耻，根本不配做自己的弟子，不但没有主动去纠正主人季氏的错误行径，反倒助纣为虐，替他搜刮民财，因此号召弟子群起而攻之。

13.3. 子路认为孔子太迂腐

子路试探性地问孔子，一旦接受了卫庄公（又名卫出公，卫灵公的孙子辄）的邀请出仕为官，他第一件事情做什么。根据禅让制的规定，卫灵公死后当由他的儿子蒯聩继位，卫庄公接任本该属于他父亲蒯聩的王位，名不正，言不顺。因此孔子说首先是正名分。子路认为孔子迂腐，根本没有正名分的必要。孔子骂子路"野哉，由也"。这可是骂得非常重，相当于今天骂人"混账王八蛋"。孔子这样骂子路并非因为子路违逆自己，而是认为子路不懂装懂，胡说八道。孔子认为君子对自己不了解的事情，一般都会持保留态度。

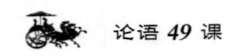

14.43. 原壤不注意个人形象，叉开两腿坐在地上

原壤的坐姿很难看，在自家叉开两腿随意歪坐地上等孔子。孔子作为他知根知底的好朋友兼发小，对他这种行为不耻，骂他小的时候就不懂得谦逊友爱，长大了又一无所长，没有任何作为，简直就是个祸害，还不如早点儿死了的好。孔子骂了还不解气，于是用手杖敲打原壤的小腿，意思是让他坐好一点。

二、孔子嫁女

5.1. 嫁女儿

孔子从不用世俗的眼光看人，即便弟子公冶长蹲过监狱，还是坚信他是个值得托付终身的人，并将自己的女儿嫁给了他。孔子认为公冶长坐牢并非真的有罪，而是被冤枉和陷害。春秋末期社会黑暗动荡，由此可见一斑。

5.2. 嫁侄女（11.6）

孔子将兄长（孟皮）的女儿嫁给了南容。《论语》中两次提到这件事情：一次表明南容聪明而又智慧，能够做到政治清明时受到重用，政治黑暗时也能免遭刑罚；另一次表明南容能够做到慎言慎行，《论语》中就说他经常诵读《诗经》中的"白圭之玷，尚可磨也；斯言之玷，不可为也"几句。

三、嘲讽他人

3.1. 季氏享用八佾舞

在孔子看来，季氏毫不知礼，居然在自己家中享用天子才配享用的64人舞，完全不把君上乃至天子放在眼里。孔子据此推论，季氏这样的事情都忍心做得出来，其他违礼的事情也都做得出来了。

3.6. 季氏打算祭祀泰山

孔子坚信即便不能阻止季氏祭祀泰山，泰山也不会接受季氏的祭祀的。因为季氏只是大夫，不配祭祀。古代唯有天子（至少诸侯国的国君）方可祭祀泰山，以求风调雨顺，保佑万民。

面对季氏的行为,孔子感叹:"曾谓泰山不如林放乎?"意思是说,难道说泰山还不如林放懂礼吗?言下之意是说,泰山不会接受季氏的祭祀的,季氏太不懂礼数了。《论语》3.4 林放曾向孔子问礼之本,孔子认为林放问得好。

3.22. 管仲不懂节俭且不知礼

管仲不节俭表现在他有三处采邑,而且手下的人没有一个身兼两职。

管仲不知礼表现在他什么都学国君的样,国君宫殿门前立一照壁,管仲立一照壁,国君为了招待别国君主在堂上专设放置酒杯的台子,管仲也这样干。

孔子据此认为管仲心胸狭隘。

11.13. 子路牛气冲天

孔子弟子众多,各自陪在身边,因其性格、修养不同表现大不一样:闵子骞一副中正的样子;冉有、子贡则一副和乐的样子;子路则牛牛的样子。《论语》中说"行行如也",略似于今天意义上的桀骜不驯、目中无人,给人感觉有些自以为是。看到子路这样,孔子略带嘲讽地开玩笑说:"像子路这样子,怕是不得好死。"

14.29. 子贡拿自己的长处比人短处

子贡算得上孔子最得意的弟子,能说会道,尤其善于经商。可能正因为聪慧优秀,子贡老爱拿自己的长处和别人的短处相比。孔子一来为了敲打,二来为了规劝,便以半开玩笑的方式对子贡说:"你真就是比别人强吗?要我就没那闲工夫。"意思是说,即便你真的比别人强也用不着这样显摆呀,与其浪费时间管这些闲事,不如多花心思修养自己。

四、被人嘲讽

3.15. 被认为不知礼

孔子到了太庙,什么事情都问。于是有人就说:"谁说鄹县叔梁纥这个儿子懂礼?他到了太庙,啥事都问。"在这些人眼中,孔子什么都问乃是不知礼的表现。然而孔子听到以后却说:"正因为不懂所以才要问。这正是礼。"

9.2. 被认为博而不专

达巷的一个人认为孔子虽然博学多才，但却无处施展抱负，成就名声。言下之意，孔子并没有真才实学，或者说孔子博而不专。当然，达巷的人的话也可以理解为惋惜。孔子听到以后对其弟子说："我干什么好呢？赶车呢？还是当个弓箭手呢？我还是赶马车好了！"面对质疑，孔子并未辩解，只是表明心迹：自己本就无意于当什么专家（专事射箭），即无意于成就名声，而是原意成为博学者（赶车），亦即成就他人。

14.38. 被认为很不明智

子路在石门住了一个晚上，第二天早上才进城。守城门的人问他从哪里来，子路说从孔家来。守城门的人问他："就是那个明知做不到却还要去做的人吗？"足可见孔子"知其不可而为之"早已天下闻名。不过并非美名。在世人眼中，孔子属于头号大笨蛋。

14.39. 被人看穿心思

孔子留居卫国期间，一天正敲着磬，恰巧一个挑着草筐子的人从门前经过，听到了孔子敲磬的声音，于是便说："这里面有心思啊，真丢人啊！生怕没有人知道他似的！没有人了解自己那就算了嘛，干吗要把磬敲成那样呢？"挑着草筐子的人自认从孔子敲磬的声音中看穿了孔子的心思，指明孔子实际上很希望获得认可、受到重用。

15.2. 其君子之道遭到质疑

孔子一行在陈国断绝了粮食，随行弟子都饿病了，爬不起来。面对君子遭逢困厄，子路很生气地质问孔子说："君子也有走投无路的时候吗？"孔子不得不承认："君子固然也有走投无路的时候。"但他又说："换作小人走投无路的时候，就会胡作非为了。"言下之意君子即便陷入困厄、走投无路也能坚守原则，遭逢困厄并不可怕，正可借此检验自己。所谓真金不怕火炼。万不可像小人，随心所欲，胡作非为。孔子讨厌小人，主张成为君子。

18.5. 被认为是落难的凤凰

楚国狂人接舆唱着歌谣经过孔子的马车，叹息孔子就像落难的凤凰，暗示孔子过去了的再也挽回不了，不要再迷恋过往了，不要再想着恢复周礼了，那样做是没有用的。又说也许未来还有机会，但同时又认为，还是不要沾染政治为好，毕竟现在从事政治的人都非常危险。

18.6. 被认为实际上不明出路

　　隐士长沮和桀溺在田间劳作。孔子从那里路过，于是吩咐子路询问渡口。长沮并没有告知渡口何在，反倒嘲讽孔子说："孔子应当知道渡口在哪里嘛！"长沮的意思是说孔先生，你不是很能耐吗？渡口在哪儿都不知道，还敢以高人自居，到处游说，岂不可笑至极！桀溺也对子路说类似洪水泛滥成灾的情况到处都是，你要跟谁去改变它呢？与其追随逃避坏人的人（暗指孔子），不如追随避开社会的人（暗指自己）。足见孔子一生的努力追求并不被人（尤其隐士）认可。

五、遭遇尴尬

7.31. 讲了违心话

　　陈司败问孔子鲁昭公是否懂礼，孔子说懂礼。等到孔子出去以后，陈司败就对在场的巫马期说，他怀疑孔子有所偏私，因为鲁君娶了和鲁国同姓的吴国夫人，明显不知礼！巫马期将陈司败的这番话转告给了孔子。孔子感到很是欣慰，认为自己非常幸运，因为一旦有错，就有人给指出来。

17.1. 被人堵道上

　　阳货想见孔子（意欲拉拢），孔子不见（意欲和阳货这样的人撇开关系），阳货便送给孔子一只蒸熟了的小猪，企图逼使孔子前往他家道谢。孔子没办法，又得登门还礼道谢，又不愿意见到阳货，于是选择阳货不在家的时候前往拜谢。没想却在半道上碰到了阳货。此等尴尬可想而知。

17.4. 子游以孔子之道还施孔子之身

　　孔子来到子游担任行政长官的武城，听到一片弹琴唱歌的声音。于是微笑着说："杀鸡焉用宰牛刀？"言下之意是说，管理如此小的地方，哪里用得着乐教？子游回答道："以前我听老师说过：'当权者学礼乐，就会爱护他人，百姓学礼乐，就会言听计从。'"借此反驳孔子的话。孔子立马向随行的弟子们说："言偃说得对。我那样说，只不过是开个玩笑而已！"

17.5. 子路反对孔子为了做官而投靠造反派公山弗扰

　　公山弗扰造反，召请孔子帮忙。孔子意欲前往。子路为此很不高兴，对孔子说:"没有地方可去了吗?你干吗非得去叛臣那里呢?"孔子只好说:"那个召我之人,难道可以白白召我吗?我可以跟他讲条件嘛!我若去了那里,不就能够让周文王、周武王之道复兴了吗?"

17.7. 子路反对孔子为了做官而投靠造反派佛肸

佛肸同公山弗扰一样,也是个造反派,也想召请孔子。孔子也打算应召。子路为此也不高兴,便对孔子说:"我曾听老师说过:'亲自干坏事的人那里,君子是不会去帮忙的。'如今佛肸盘踞中牟造反,您却要去帮他,您到底怎么想的呢?"孔子只好说:"对,我是说过这样的话。但不是说最坚硬的东西磨是磨不薄的吗?不是说最白的东西染是染不黑吗?我难道是那味苦的匏瓜吗?怎么可以只是被悬挂在那里而不拿去给人吃呢?"言下之意是说,自己应召,就可以通过自己的干预而改变佛肸,甚至推行自己的思想和主张。

六、有意为之

17.20. 故意告知来访者自己不愿接见

孺悲想要拜见孔子,孔子推说自己有病拒绝了。然而传话的人刚出房门,孔子便取下瑟来边弹边唱,以让孺悲听到。目的是让孺悲自省其过失。这是以不教为教。

32　个人偏好

一、崇尚贤能

1.7 子夏曰："贤贤易色；事父母，能竭其力；事君，能致其身；与朋友交，言而有信。虽曰未学，吾必谓之学矣。"

子夏接引孔子思想，主张像爱妻子的美色那样爱妻子的贤德。

4.17 子曰："见贤思齐焉，见不贤而内自省也。"

遇到贤人，便想着向他看齐。

9.18 子曰："吾未见好德如好色者也。"

希望世人能够像好色那样持之以恒地好德。

13.2 仲弓为季氏宰，问政。子曰："先有司，赦小过，举贤才。"曰："焉知贤才而举之？"子曰："举尔所知；尔所不知，人其舍诸？"

提拔德才兼备之人。

14.31 子曰："不逆诈，不亿不信，抑亦先觉者，是贤乎！"

贤者能够做到不先入为主地揣度别人会要诈，不凭空猜测别人不诚实，却又能够事先发现欺诈和不诚实。

15.10 子贡问为仁。子曰："工欲善其事，必先利其器。居是邦也，事其大夫之贤者，友其士之仁者。"

培养仁德需做到侍奉大夫这一阶层中的贤能之士，并与士这一阶层中具有仁德的人交朋友。

16.5 孔子曰："益者三乐，损者三乐。乐节礼乐，乐道人之善，乐多贤友，益矣。乐骄乐，乐佚游，乐宴乐，损矣。"

多和德才兼备的人交朋友，这样才有益。

18.1 微子去之，箕子为之奴，比干谏而死。孔子曰："殷有三仁焉。"

微子、箕子、比干三人做出的选择大不同，但在孔子眼中，他们都是仁爱之士和贤能之辈。

18.2 柳下惠为士师，三黜。人曰："子未可以去乎？"曰："直道而事人，焉往而不三黜？枉道而事人，何必去父母之邦？"

柳下惠看问题通透，始终坚守个人原则，做到"直道而事人"。

19.3 子夏之门人问交于子张。子张曰："子夏云何？"对曰："子夏曰：'可者与之，其不可者拒之。'"子张曰："异乎吾所闻：君子尊贤而容众，嘉善而矜不能。我之大贤与，于人何所不容？我之不贤与，人将拒我，如之何其拒人也？"

子张接引孔子思想，君子既能够尊重贤德之人，也能够容纳普通大众，既能够表扬嘉奖好人，也能够同情和可怜无能之辈。

二、欣赏隐者

5.23 子曰："伯夷、叔齐不念旧恶，怨是用希。"

伯夷、叔齐不念旧仇，因此心中的怨恨也就很少。

7.15 冉有曰："夫子为卫君乎？"子贡曰："诺；吾将问之。"入，曰："伯夷、叔齐何人也？"曰："古之贤人也。"曰："怨乎？"曰："求仁而得仁，又何怨？"出，曰："夫子不为也。"

在孔子眼中，伯夷、叔齐一心求仁并且得到了仁，没什么好抱怨、悔恨的。他们是古代真正的贤人和隐者。

14.37 子曰："贤者辟世，其次辟地，其次辟色，其次辟言。"子曰："作者七人矣。"

贤人懂得避开难以容忍的一切于是隐居起来，能够做到这一点的有七人，即18.8中提到的逸民"伯夷、叔齐、虞仲、夷逸、朱张、柳下惠、少连"。

16.12 齐景公有马千驷，死之日，民无德而称焉。伯夷、叔齐饿于首阳之下，民到于今称之。其斯之谓与？

齐景公生前拥有四千匹马，到死的时候老百姓依然找不到什么德行称颂他。伯夷和叔齐饿死在首阳山下，老百姓直到今天仍然称颂他们。

18.5 楚狂接舆歌而过孔子曰："凤兮凤兮！何德之衰？往者不可谏，来者犹可追。已而，已而！今之从政者殆而！"孔子下，欲与之言。趋而辟之，不得与之言。

楚国狂人接舆是真正的隐者，看透世事，也看透了孔子的心思。孔子欣赏接舆这样的隐者，希望能够与之交谈。

18.6 长沮、桀溺耦而耕，孔子过之，使子路问津焉。……夫子怃然曰："鸟兽不可与同群，吾非斯人之徒与而谁与？天下有道，丘不与易也。"

孔子虽然欣赏长沮、桀溺这样的隐居者，并且希望像他们一样避开这个社会隐居起来，但他更希望通过自己的努力使得天下太平，因此欣赏也就变成了理想追求。与隐者的消极隐居相比，孔子的理想追求更为积极阳光。

18.7 子路从而后，遇丈人，以杖荷蓧。子路问曰："子见夫子乎？"丈人曰："四体不勤，五谷不分。孰为夫子？"植其杖而芸。子路拱而立。止子路宿，杀鸡为黍而食之，见其二子焉。明日，子路行以告。子曰："隐者也。"使子路反见之。至，则行矣。子路曰："不仕无义。长幼之节，不可废也；君臣之义，如之何其废之？欲洁其身，而乱大伦。君子之仕也，行其义也。道之不行，已知之矣。"

荷蓧丈人是隐者不假，看不起孔子这样四体不勤五谷不分的人也不假。孔子欣赏隐者不假，但子路接引孔子思想却有自己的看法：荷蓧丈人洁身自爱，殊不知这样做却坏了重要的伦常关系。也就是说，隐者的生活是孔子羡慕的，并且希望天下百姓都能过上隐者自在闲适的生活，因此就不能像隐者那样一味逃避，反而应当努力去改变现状。

18.8 逸民：伯夷、叔齐、虞仲、夷逸、朱张、柳下惠、少连。子曰："不降其志，不辱其身，伯夷、叔齐与！"谓"柳下惠、少连，降志辱身矣，言中伦，行中虑，其斯而已矣。"谓"虞仲、夷逸，隐居放言，身中清，废中权。我则异于是，无可无不可。"

这里提到的七大隐逸之士虽然都让孔子敬佩，但孔子却认为自己更为明智，因为自己能够做到因时而变：该隐则隐，该仕则仕。

18.9 大师挚适齐，亚饭干适楚，三饭缭适蔡，四饭缺适秦，鼓方叔入于河，播鼗武入于汉，少师阳、击磬襄入于海。

大乐师挚去了齐国，亚饭乐师干到了楚国，三饭乐师缭去了蔡国，四饭乐师缺去了秦国，打鼓的方叔去了黄河，摇小鼓的武去了汉水，少师阳和击磬的襄去了海边。这些人纷纷逃避母国，或隐居，或去了其他国家。孔子虽然对其欣赏有加，但却未必肯定他们逃避现实的行为。

18.11 周有八士：伯达、伯适、仲突、仲忽、叔夜、叔夏、季随、季騧。

周朝的这八个人是八个有教养的人，皆为有识之士。是否是隐者，不易确定。

三、羡慕三代

3.14 子曰："周监于二代，郁郁乎文哉！吾从周。"

孔子认为周朝的礼仪制度虽然借鉴了夏朝和商朝，但却优胜于夏朝和商朝，又丰富又多彩！所以孔子原意遵循周朝的礼仪制度。

15.11 颜渊问为邦。子曰："行夏之时，乘殷之辂，服周之冕，乐则韶、舞。放郑声，远佞人。郑声淫，佞人殆。"

孔子认为，治理好一个国家最好使用夏朝的历法，乘坐殷朝的车子，佩戴周朝的礼帽，采用舜时代的《韶》乐和周武王时代的《武》乐。

四、偏爱东周

6.24 子曰："齐一变，至于鲁；鲁一变，至于道。"

在孔子眼中，唯有鲁国很好地保持了东周的道统，其次便是齐国。

13.7 子曰："鲁、卫之政，兄弟也。"

孔子认为鲁国和卫国的政治跟兄弟一样接近。如果说鲁国的道统很好地保持了东周的道统，那么也可以说卫国同样保持得不错。

17.5 公山弗扰以费畔，召，子欲往。子路不说，曰："末之也，已，何必公山氏之之也？"子曰："夫召我者，而岂徒哉？如有用我者，吾其为东周乎？"

在孔子眼里，即便是公山弗扰这样的叛逆之臣用他，他也能够影响或者说服对方践行东周之道，让周文王、周武王之道再次复兴。

五、称美唐尧、虞舜、大禹和周公

6.30 子贡曰："如有博施于民而能济众，何如？可谓仁乎？"子曰："何事于仁！必也圣乎！尧舜其犹病诸！夫仁者，己欲立而立人，己欲达而达人。能近取譬，可谓仁之方也已。"

孔子将尧舜当作仁圣的标准，具体讲就是要能做到"博施于民而能济众"，广泛地帮助百姓、周济大众。

7.5 子曰："甚矣吾衰也！久矣吾不复梦见周公！"

孔子借助梦见周公，与圣人保持精神上的高度一致。周公在孔子眼里简直就是完美的化身、智慧的象征及仁圣的标杆。

8.18 子曰："巍巍乎，舜禹之有天下也而不与焉！"

舜和禹因其仁智，不需要刻意统治，就能把天下治理得井井有条。

8.19 子曰："大哉尧之为君也！巍巍乎！唯天为大，唯尧则之。荡荡乎，民无能名焉。巍巍乎其有成功也，焕乎其有文章！"

尧作为君主伟大而又崇高！世间唯有天最高最大，唯有尧能够效法天。尧的恩惠浩瀚无边！老百姓都不知道如何称赞他才好。

8.20 舜有臣五人而天下治。武王曰："予有乱臣十人。"孔子曰："才难，不其然乎！唐虞之际，于斯为盛。有妇人焉，九人而已。三分天下有其二，以服事殷。周之德，其可谓至德也已矣。"

舜有五位贤臣辅佐，天下便获得了很好的治理。周武王时期天下人才辈出，但加上一位妇女也只有十位治世能臣。周文王拥有天下的三分之二仍然能够服事殷商，此种德行何其可贵。

8.21 子曰："禹，吾无间然矣。菲饮食而致孝乎鬼神，恶衣服而致美乎黻冕，卑宫室而尽力乎沟洫。禹，吾无间然矣。"

大禹可谓完美至极，孔子找不到他任何的缺点可以批评，因为他能做到饮食糟糕却把祭品办得丰盛，穿着朴素却把祭服做得华美，住所简陋却尽力

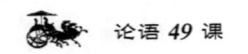

去兴建水利。

12.22 樊迟问仁。子曰："爱人。"问知。子曰："知人。"樊迟未达。子曰："举直错诸枉，能使枉者直。"樊迟退，见子夏曰："乡也吾见于夫子而问知，子曰，'举直错诸枉，能使枉者直'，何谓也？"子夏曰："富哉言乎！舜有天下，选于众，举皋陶，不仁者远矣。汤有天下，选于众，举伊尹，不仁者远矣。"

子夏接引孔子思想，认为不止虞舜德才兼备，商汤也德才兼备：虞舜执掌天下，在大众当中选拔人才，提拔皋陶，不仁之人自然远离而去；商汤执掌天下，在大众当中选拔人才，提拔伊尹，不仁之人同样自然远离而去。

14.5 南宫适问于孔子曰："羿善射，奡荡舟，俱不得其死然。禹稷躬稼而有天下。"夫子不答。南宫适出，子曰："君子哉若人！尚德哉若人！"

南宫适认识到，即便后羿擅长射箭，奡擅长水战，但是两个人都未得善终；大禹和后稷亲自耕田种地，却获得天下。从这可知孔子是赞赏大禹和后稷的。

15.5 子曰："无为而治者其舜也与？夫何为哉？恭己正南面而已矣。"

孔子认为，什么都不干一样能够让天下太平，大概只有舜能做到。因为舜能"所任得其人，故优游而自逸也！"

18.10 周公谓鲁公曰："君子不施其亲，不使大臣怨乎不以。故旧无大故，则不弃也。无求备于一人！"

鲁公是周公的儿子，名叫伯禽，封于鲁，故称鲁公。这里周公就选贤用能教育自己的儿子：不要疏远慢待亲族；不让大臣埋怨未被重用；老臣故人没有严重过失，就不要弃之不用。用一个人用其长，不要求全责备，因为人无完人。

20.1 尧曰："咨！尔舜！天之历数在尔躬，允执其中。四海困穷，天禄永终。"舜亦以命禹。曰："予小子履敢用玄牡，敢昭告于皇皇后帝：有罪不敢赦。帝臣不蔽，简在帝心。朕躬有罪，无以万方；万方有罪，罪在朕躬。"周有大赉，善人是富。"虽有周亲，不如仁人。百姓有过，在予一人。"……

尧传位于舜、舜传位于禹、商汤起兵讨伐夏桀、周武王分封，所讲核心皆为秉持中道，心中始终装着百姓，亲善有仁德的人。

六、不慕名利富贵、但求大道能行

1.16 子曰:"不患人之不己知,患不知人也。"

4.14 子曰:"不患无位,患所以立。不患莫己知,求为可知也。"

14.30 子曰:"不患人之不己知,患其不能也。"

15.19 子曰:"君子病无能焉,不病人之不己知也。"

君子不必担心别人不了解自己,真正需要担心的是不了解别人,也许别人远比自己更努力,更加优秀;真正需要担心的是自己有没有能力,是否足够的优秀,否则就应该尽量让他人认识自己的能力和声望;君子不必担心没有位子可坐,而应该担心没有坐上位子的真本领。

我们通过一个人讲话,就能够理解一个人。从孔子讲的这些话中,可知孔子强调要不断修炼自己。

4.5 子曰:"富与贵,是人之所欲也;不以其道得之,不处也。贫与贱,是人之所恶也;不以其道得之,不去也。君子去仁,恶乎成名?君子无终食之间违仁,造次必于是,颠沛必于是。"

荣华富贵人人都想得到,但若不以正当手段获取,君子是不会接受的。潦倒卑微人人都会讨厌,但若因为行不义而造成,君子是不会尝试摆脱的。关键在于保有仁德。

9.13 子贡曰:"有美玉于斯,韫椟而藏诸?求善贾而沽诸?"子曰:"沽之哉!沽之哉!我待贾者也。"

孔子等待买主,并不是为了求名求利,而是推行自己的仁政思想。这和一般人希望获得赏识和重用不同。非得说孔子等待买主从而求得名利,那也只是达到推行大道的一种手段,然而一般人则视之为目的。

15.20 子曰:"君子疾没世而名不称焉。"

君子担心死后名声不再流传,也就是担心生前不能有所作为。

14.35 子曰:"莫我知也夫!"子贡曰:"何为其莫知子也?"子曰:"不怨天,不尤人,下学而上达。知我者其天乎!"

孔子在子贡面前感叹没有人理解他,实则感叹他的仁政思想没能够被采纳，因此认为理解他的唯有老天。他认为他能做到不埋怨天，不怪罪人，学习粗浅知识一样能够领悟高深的道理。一般人很难做到这几点，能够做到也就足以引领世人提升精神境界，从而提高全民素质。

33 夫子自道

一、坦露心迹

3.17 子贡欲去告朔之饩羊。子曰:"赐也!尔爱其羊,我爱其礼。"

不舍的是礼。

7.24 子曰:"二三子以我为隐乎?吾无隐乎尔。吾无行而不与二三子者,是丘也。"

不隐瞒。一切行为都是呈现在学生面前。孔子以"行"言,表示任何高深道理均须落实于人生行动中。

9.3 子曰:"麻冕,礼也;今也纯,俭,吾从众。拜下,礼也;今拜乎上,泰也。虽违众,吾从下。"

从俭,亦从礼。

14.29 子贡方人。子曰:"赐也贤乎哉?夫我则不暇。"

没有时间跟人攀比。

二、自我反省

7.2 子曰:"默而识之,学而不厌,诲人不倦,何有于我哉?"

自己学习,以及帮助他人学习。

9.6 太宰问于子贡曰:"夫子圣者与?何其多能也?"子贡曰:"固天纵之将圣,又多能也。"子闻之,曰:"太宰知我乎!吾少也贱,故多能鄙事。君子多乎哉?不多也。"

少年生活贫苦,地位卑贱,因此什么都能干。

9.2 达巷党人曰："大哉孔子！博学而无所成名。"子闻之，谓门弟子曰："吾何执？执御乎？执射乎？吾执御矣。"

相比专一，自己更喜欢博学。

9.7 牢曰："子云，'吾不试，故艺。'"

未能出仕为官，因此掌握许多技艺。

9.16 子曰："出则事公卿，入则事父兄，丧事不敢不勉，不为酒困，何有于我哉？"

反思自己这四件事情都做到了哪些。

14.28 子曰："君子道者三，我无能焉：仁者不忧，知者不惑，勇者不惧。"子贡曰："夫子自道也。"

充分认识到自己的不足。

三、自我感叹

5.7 子曰："道不行，乘桴浮于海。从我者，其由与？"……

道之不行，萌生退意。

6.25 子曰："觚不觚，觚哉！觚哉！"

觚不再像觚，寓意礼坏乐崩。

6.29 子曰："中庸之为德也，其至矣乎！民鲜久矣。"

百姓甚少做到中庸。

7.5 子曰："甚矣吾衰也！久矣吾不复梦见周公！"

9.9 子曰："凤鸟不至，河不出图，吾已矣夫！"

人之将死，青春不再，而理想尚未实现。

9.17 子在川上，曰："逝者如斯夫！不舍昼夜。"

时光易逝，人生短暂，及时当勉励。

14.35 子曰："莫我知也夫！"……"知我者其天乎！"

不被理解，不被认可，不被接受。

四、自我评价

7.1 子曰:"述而不作,信而好古,窃比于我老彭。"
述而不作,信而好古,向古圣贤看齐。

7.20 子曰:"我非生而知之者,好古,敏以求之者也。"
不认为自己是生而知之者,而是永不放弃的追求者。

7.33 子曰:"文,莫吾犹人也。躬行君子,则吾未之有得。"
虽然努力,但未成功。

7.34 子曰:"若圣与仁,则吾岂敢?抑为之不厌,诲人不倦,则可谓云尔已矣。"
认为自己不配称仁或圣。

9.8 子曰:"吾有知乎哉?无知也。有鄙夫问于我,空空如也。我叩其两端而竭焉。"
认为自己虽无知,但善于教学。

12.13 子曰:"听讼,吾犹人也。必也使无讼乎!"
善于断案。

五、呼天呼命(伤心绝望)

6.10 伯牛有疾,子问之,自牖执其手,曰:"亡之,命矣夫!斯人也而有斯疾也!斯人也而有斯疾也!"
冉伯牛身患怪病,老天不长眼,不该让这么好的人得这样的怪病。

6.28 子见南子,子路不说。夫子矢之曰:"予所否者,天厌之!天厌之!"
被子路误会。

11.9 颜渊死。子曰:"噫!天丧予!天丧予!"
得意弟子颜回早死,等于老天要了自己的命。

六、才学能力

4.15 子曰："参乎！吾道一以贯之。"曾子曰："唯。"子出，门人问曰："何谓也？"曾子曰："夫子之道，忠恕而已矣。"

15.3 子曰："赐也，女以予为多学而识之者与？"对曰："然，非与？"曰："非也，予一以贯之。"

一以贯之。

9.15 子曰："吾自卫反鲁，然后乐正，《雅》、《颂》各得其所。"

善于归类。

七、好学精神

5.28 子曰："十室之邑，必有忠信如丘者焉，不如丘之好学也。"

好学超过所有人。

7.19 叶公问孔子于子路，子路不对。子曰："女奚不曰，其为人也，发愤忘食，乐以忘忧，不知老之将至云尔。"

发愤用功就忘记吃饭；内心快乐就忘记忧伤，以至于忘记了时间。

八、天命在我

7.23 子曰："天生德于予，桓魋其如予何？"

天在我身上生了这样的品德，桓魋能把我怎么样？

9.5 子畏于匡，曰："文王既没，文不在兹乎？天之将丧斯文也，后死者不得与于斯文也；天之未丧斯文也，匡人其如予何？"

文化传统在我身上，天如果不废弃这种文化，匡人能把我怎么样。

九、仁智超群

7.30 子曰:"仁远乎哉?我欲仁,斯仁至矣。"

仁不远人。

13.10 子曰:"苟有用我者,期月而已可也,三年有成。"

如若被重用,保证一年见成效,三年出成绩。

17.5 公山弗扰以费畔,召,子欲往。子路不说,曰:"末之也,已,何必公山氏之之也?"子曰:"夫召我者,而岂徒哉?如有用我者,吾其为东周乎?"

立足小小费地,一样有信心实现繁荣。

18.8 ……子曰:"不降其志,不辱其身,伯夷、叔齐与!"谓"柳下惠、少连,降志辱身矣,言中伦,行中虑,其斯而已矣。"谓"虞仲、夷逸,隐居放言,身中清,废中权。我则异于是,无可无不可。"

自认与一众逸民不同,因为自己能够做到无可无不可(遵循中庸之道)。

34　自述一生

孔子晚年回顾一生，将自己的一生分为六个阶段。根据这段自述，我们发现孔子的一生是奋进的一生，是逐步趋于完善的一生。

2.4 子曰："吾十有五而志于学，三十而立，四十而不惑，五十而知天命，六十而耳顺，七十而从心所欲，不踰矩。"

孔子十五岁立志学习，希望通过学习改变自己。为什么是十五岁呢？这可能和古人认为男子到了十五岁才算基本成熟有关。孔子十五岁立志学习，此后从事教育，招收弟子也要求年满十五岁以上。从十五岁立志学习一直到三十岁，孔子才认为自己方可立足于世，在自己选择的领域小有所成。到了四十岁，终于能够做到不迷惑，无论对很多事情还是对自己的人生，都不会感到迷惑。到了五十岁，终于领悟到上天赋予自己的使命。六十而耳顺，有人认为"耳"字为衍文，就是六十而顺，其实多了这个"耳"字也无妨。耳顺就是什么都能听得进去，这正是孔子到了六十岁的时候能够顺应自然、顺应天命的具体表现之一。到七十岁的时候，孔子认为自己已经能够做到"从心所欲，不踰矩"了。从心所欲，是说完全可以按照自己的主观意愿自由行事，也就是说可以想干什么就干什么了；不踰矩，是说不会超越规矩。合起来看就是利己而不损人，这样的修为非一般人能够达到。

一、志于学

5.28 子曰："十室之邑，必有忠信如丘者焉，不如丘之好学也。"

孔子十五岁时立志学习，自此从未间断。孔子尤其好学，认为甚少有人像他那样勤奋好学。除了他自己，孔子只承认弟子中颜回好学。6.3 "有颜回者好学，不迁怒，不贰过。不幸短命死矣，今也则亡，未闻好学者也"可兹为证。孔子不但非常好学，而且还特别善于学习，1.14"就有道而正焉"、2.11"温故而知新"、4.17"见贤思齐焉，见不贤而内自省也"、5.15"不耻下问"及7.22"择其善者而从之，其不善者而改之"可兹为证。

二、立身处世

4.14 子曰："不患无位，患所以立。不患莫己知，求为可知也。"
不担心得不到位子，要担心的是没有坐上那个位子的真本领。
6.30 ……子曰：……夫仁者，己欲立而立人，己欲达而达人。……"
8.8 子曰："兴于《诗》，立于礼，成于乐。"
9.30 子曰："可与共学，未可与适道；可与适道，未可与立；可与立，未可与权。"
12.7 子贡问政。子曰："……自古皆有死，民无信不立。"
16.13 ……他日，又独立，鲤趋而过庭。曰：'学礼乎？'对曰：'未也。''不学礼，无以立。'鲤退而学礼。闻斯二者。"……
19.25 ……子贡曰："……夫子之得邦家者，所谓立之斯立，道之斯行，绥之斯来，动之斯和。其生也荣，其死也哀，如之何其可及也？"
20.3 孔子曰："不知命，无以为君子也；不知礼，无以立也；不知言，无以知人也。"

以上8.8"立于礼"、20.3"不知礼，无以立也"是说君子需是立于礼、礼于信，另外12.7"民无信不立"是说"民无信而难以立足于世"，故而可知孔子"三十而立"是说他在三十岁的时候，已经能够做到立足于礼来行事，并且能够做到言而有信。6.30"己欲立而立人"是说，作为一名君子，不但要想办法让自己立足于社会，也要想办法让别人立足于社会。孔子正是这样的人，19.25子贡就认为孔子属于"立之斯立"之人，即一旦教民立就一定能使人民立足于社会。而在选择搭档方面，孔子也给了提示，如9.30"可与适道，未可与立；可与立，未可与权"，有的人可以与之一起抵达道，未必可以与之一起立身处世；可以与之一起立身处世，未必可以与之一起权衡变通。傅佩荣言，共学、适道、立、权，代表学习的四个阶段。所学的是做人处世

161

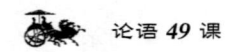

的道理，道是人生正途，必须步步前行，立是立身处世，权是最难的。因为要"执中"。

三、四十/不惑

（一）四十

9.23 子曰："后生可畏，焉知来者之不如今也？四十、五十而无闻焉，斯亦不足畏也已。"

17.26 子曰："年四十而见恶焉，其终也已。"

依照"七十古稀"之说，四十岁已经过人生的一大半。作为后生，要是到了这个年龄还没有什么名望，还是一点名气都没有，也就不足为惧了。同样，要是到了这个年龄还被人憎恨厌恶，也就算是活到头了。言下之意，这种人活得真失败。孔子在这个年龄怎样呢？他说自己"不惑"，意思是说他在四十岁的时候能够做到对自己的人生不再疑惑，对人、对事不疑惑、迷惑、蛊惑。

（二）不惑

7.29 互乡难与言，童子见，门人惑。子曰："与其进也，不与其退也，唯何甚？人洁己以进，与其洁也，不保其往也。"

11.22 子路问："闻斯行诸？"子曰："有父兄在，如之何其闻斯行之？"冉有问："闻斯行诸？"子曰："闻斯行之。"公西华曰："由也问闻斯行诸，子曰，'有父兄在'，求也问闻斯行诸，子曰，'闻斯行之'。赤也惑，敢问。"子曰："求也退，故进之；由也兼人，故退之。"

一个人要能做到事事不疑惑，并不是一件很容易的事情。互乡这个地方的人明明很难跟他们交流，当地一个少年却得到了孔子的接见，为此弟子们感到疑惑不解。若非孔子告诉他们原因（赞成他的进步，不赞成他的退步，何必做得太过？别人把自己弄得干干净净而来，便应当赞成他的干净，不要死记住他那过去），他们必将继续疑惑下去。面对同样的问题"闻斯行诸"，即听说某件事情就立马干起来吗？孔子给子路和冉求的答案完全不同，甚至相反，公西华自然不免疑惑，若非孔子告诉他这样处理的真实原因（冉求退缩，仲由大胆，一个需鼓励，一个需保守），想必公西华会一直疑惑下去。以上两章充分证明孔子说自己"四十不惑"所言非虚，一个能够解答别人疑惑的人，自己肯定不会疑惑。

9.29 子曰："知者不惑，仁者不忧，勇者不惧。"

什么样的人能够做到不惑呢？这里孔子给出了答案——知者。即一个有智慧的聪明人能够做到不惑。孔子认为自己达不到圣人和仁者的要求，7.34 "若圣与仁，则吾岂敢"可兹为证。这或许只是孔子自谦的说法。这里从孔子自述"四十不惑"，至少可以推知他称得上智者。

12.10 子张问崇德辨惑。子曰："主忠信，徙义，崇德也。爱之欲其生，恶之欲其死。既欲其生，又欲其死，是惑也。'诚不以富，亦祇以异。'"

12.21 樊迟从游于舞雩之下，曰："敢问崇德，修慝，辨惑。"子曰："善哉问！先事后得，非崇德与？攻其恶，无攻人之恶，非修慝与？一朝之忿，忘其身，以及其亲，非惑与？"

辨惑，什么是惑，如何辨惑，孔子通过以上两章举例给出了建议。爱一个人，爱时希望他长寿，恨时恨不得他马上死，既要他生又要他死，这便是惑。因为一时的忿怒，便忘记自己甚至父母，这不是糊涂吗？因此，想要不被迷惑，就努力做个清醒之人。

四、知天命

16.8 孔子曰："君子有三畏：畏天命，畏大人，畏圣人之言。小人不知天命而不畏也，狎大人，侮圣人之言。"

天命，即天赋使命。每个人来到这个世界上，都会被赋予一定的使命，作为一名君子，就必须带着敬畏之心努力完成。小人无知无畏，自然认识不到上天赋予他的使命。

7.17 子曰："加我数年，五十以学《易》，可以无大过矣。"

孔子晚年研习《周易》，后悔自己学晚了，所以发出感慨：若能够早几年，比如五十岁的时候而不是六七十岁的时候学习《周易》那该多好，那样也就可以提前知晓天命而少犯大的过错了。如此说来，孔子五十岁的时候终于认识到上天赋予自己的使命，即从事教育和推行仁政。这是生活实践以及个人体悟的结果，而非学习《周易》的结果，因此在晚年学过《周易》之后反思自己，不免有些后悔，随即想到若能早一点接触《周易》，自己做到知天命或可再提前。

五、顺/耳顺

孔子总结一生时说自己"六十而顺"，即是说自己到了六十岁的时候，就能够做到顺其自然、顺应自然。但我们考察孔子一生，这样讲未免有些牵强。孔子乃是14.38"知其不可而为之者"，明知他的主张行不通，还是要周游列国去推行他的大道。这不是顺应自然，而是改变自然。

因此这里"六十而顺"更有可能就是"六十而耳顺"。到了六十岁，人老了，也就什么都能够听得进去了。

所谓"耳顺"至于"顺"，也只是一些具体事情上，能够做到顺应自然规律。并非是说能够顺应天命，改变当时社会风貌，致力于恢复礼乐。

17.21 宰我问："三年之丧，期已久矣。君子三年不为礼，礼必坏；三年不为乐，乐必崩。旧谷既没，新谷既升，钻燧改火，期可已矣。"子曰："食夫稻，衣夫锦，于女安乎？"曰："安。""女安，则为之！夫君子之居丧，食旨不甘，闻乐不乐，居处不安，故不为也。今女安，则为之！"宰我出，子曰："予之不仁也！子生三年，然后免于父母之怀。夫三年之丧，天下之通丧也，予也有三年之爱于其父母乎！"

本章"女安，则为之"一句基本上可兹佐证孔子"六十而耳顺"。面对宰予说自己三年守孝期间"食夫稻，衣夫锦"亦能心安，孔子并未反驳，反倒有些同情宰予。可见孔子具有包容心，不但能够听得进去他人的不同意见，而且能够站在他人立场思考问题，甚至反思自己，而非一味地坚持自己的主张。另外孔子的人文情怀，本章亦有所流露。孔子重视孝道，主张"三年之丧"，亦即父母去世以后，子女需要守孝三年，并且认为这是"天下之通丧"，是礼。但现实情况却是礼坏乐崩。孝为仁之本，也是礼的具体体现之一。换句话说，孝只是礼的局部表现。重视孝道，父母死后守孝三年，这本来就是为礼，但只是局部为礼。因此宰予认为君子"三年不为礼，礼必坏"的"礼"指的是整体的礼。宰予的意思是抓大放小，为礼但不可拘礼，凡事从大处着手。面对那些不合理的小礼应当加以选择，毕竟宰予并非完全否定"三年之丧"，只是认为"三年"时间过长，一年也就可以了。

孔子适郑，与弟子相失，孔子独立郭东门。郑人或谓子贡曰："东门有人，其颡似尧，其项类皋陶，其肩类子产，然自要以下不及禹三寸。累累若丧家之狗。"子贡以实告孔子。孔子欣然笑曰："形状，末也。而谓似丧家之狗，然哉！然哉！"（《史记·孔子世家》）

这段经历发生在孔子六十岁左右，这期间的孔子基本上在路上，经常很狼狈。孔子的狼狈正是因为他的不"顺"。

因此，本章"六十而耳顺"是正确的，耳字并非衍文。

六、从心所欲不踰矩

14.42 子路问君子。子曰："修己以敬。"曰："如斯而已乎？"曰："修己以安人。"曰："如斯而已乎？"曰："修己以安百姓。修己以安百姓，尧舜其犹病诸？"

孔子在外十四年，晚年回到鲁国仍不被重用，于是潜心教育和文献整理，想必这个时候已经看透一切、看淡一切。换句话说，孔子终于活明白了。

活明白了的人，也就能够洞悉人世秘密、事物肌理，洞察人生大道，认识到"修己以安百姓""尧舜其犹病诸"以及 6.30"博施于民而能济众""必也圣乎""尧舜其犹病诸"。真正的圣人，必定是仁、智、位三位一体才行，即既要有仁德，又要有智慧，还得有权势和地位。唐尧和虞舜就是这样的人，但是他们想要"修己以安百姓""博施于民而能济众"也很难办得到。

因此孔子说自己"七十而从心所欲，不踰矩"，更大程度上也只是说他想明白了，活明白了，而非真的能够做到随兴所至、游刃有余。

但是一个人能够在晚年活明白，想明白很多事情，也是值得我辈敬仰的，毕竟世间很多人活了一辈子也不明白为什么活，甚至想都不曾想过，白白在这世上走一遭。

18.8 ……子曰："……我则异于是，无可无不可。"

一个人想明白很多事情，活明白了，也就能够体悟到"无可无不可"。换句话说，孔子认为自己推行仁政，力求改变当时社会，做与不做都是有前提的。这个前提就是奉行中庸之道。

2.21 或谓孔子曰："子奚不为政?"子曰："《书》云：'孝乎惟孝，友于兄弟，施于有政。'是亦为政，奚其为为政?"

孔子将从政和为政分别对待，从政是指亲自坐到那个位子上去从事政治活动；为政是指通过推行自己的主张，影响那些从政者，从而间接实现自己的人生理想。孔子曾经做过鲁国的小司空和大司寇，这期间是从政；周游列国，培养弟子，这期间的一切努力属于为政。从这个角度来讲，孔子说自己"七十而从心所欲，不踰矩"，即是说自己这个时候总是能实现自己的人生理想。孔子所言非虚，此话讲得再真诚不过了。

35　评价他人

一、带标识的评价

孔子擅长评价，尤其擅长评价人，也经常评价人。或当面直接评价，或在特定场合间接评价。在他评价的人当中，大多都是他的弟子。

5.1 子谓公冶长，"可妻也。虽在缧绁之中，非其罪也。"以其子妻之。

可妻也，意即可以做他的妻子。可以说孔子对公冶长给出了超高评价。什么样的男人可以托付终身？必定是有责任、有担当、有志向、有抱负之人。孔子不但认为公冶长是一个值得托付终身的男人，甚至将自己的女儿嫁给了他，足见公冶长在仁义礼智信等方面均属于一流。从本章还可以看出，孔子懂得拨云见日，看问题不只看表面，而能洞察其背后的真相。虽然公冶长蹲过监狱，但他清楚地知道，那不是公冶长的罪过。

5.2 子谓南容，"邦有道，不废；邦无道，免于刑戮。"以其兄之子妻之。

孔子评价南容，侧重于处世能力，他能做到在国家政治清明时被重用，国家混乱免遭刑罚。这是需要处世智慧的。孔子肯定南容，将亲侄女嫁给他。

11.6 南容三复白圭，孔子以其兄之子妻之。

通过5.2已经了解了南容的处世能力，这里侧重品德一面。南容经常诵读"白圭之玷，尚可磨也；斯言之玷，不可为也"这几句诗，借以修身养性。

5.3 子谓子贱，"君子哉若人！鲁无君子者，斯焉取斯？"

本章充分说明了两点，一是宓子贱是君子，孔子将其视为君子的标杆，二是鲁国的君子非常多，进而表明鲁国乃礼仪之邦。

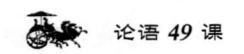

二、对话中的评价

孔子随时随地都能对一个人做出非常中肯的评价，他从不拘泥形式，或直接回答被评价者的问话，或对第三者讲述他对被评价者的看法。

5.4 子贡问曰："赐也何如？"子曰："女，器也。"曰："何器也？"曰："瑚琏也。"

子贡问老师自己在他眼里到底怎么样，这话明显带有得意的成分。孔子没有正面回答，而是说他是个器物，并且进一步告诉他，就是那宗庙里祭祀用来盛黍稷的饭桶。言下之意，虽是饭桶，但也是高级饭桶；虽是高级饭桶，但除了祭祀用来盛黍稷外，也就没有别的用途了。2.12 孔子主张"君子不器"。老子认为"上善若水"。这里儒家孔子从反面讲不能怎样，道家老子从正面讲应该怎样。上善若水，是因为水利万物而不争，水没有固定的形状，并且不止一种用途。孔子认为子贡是个器物，既是对子贡作出评价，也是对子贡进行勉励和教育。这里省掉的内容也就是"君子不器"。

5.5 或曰："雍也仁而不佞。"子曰："焉用佞？御人以口给，屡憎于人。不知其仁，焉用佞？"

6.1 子曰："雍也可使南面。"

6.2 仲弓问子桑伯子。子曰："可也简。"仲弓曰："居敬而行简，以临其民，不亦可乎？居简而行简，无乃大简乎？"子曰："雍之言然。"

面对他人说冉雍有仁德而无口才，孔子并未否定，说明冉雍口才不好属实，有仁德也属实，即便孔子说不知道冉雍是否称得上仁。称得上仁不是具有仁德的前提，相反具有仁德是称得上仁的基础。当然，5.5 孔子无意于谈论冉雍是否具有仁德，他关心的是一个人的口才的问题。孔子讨厌佞人，认为"巧言令色，鲜矣仁"。至于冉雍，孔子认为他具有仁德就已经很好了，为什么非得有好口才呢？根据 6.1，可知冉雍德行高尚，孔子认为他足可君临天下，至少配当一方诸侯。根据 11.3 孔门四科十哲，冉雍在德行科。又据 6.2，冉雍思考问题足够深刻，孔子也认为他说得中肯。

5.7 子曰："道不行，乘桴浮于海。从我者，其由与？"子路闻之喜。子曰："由也好勇过我，无所取材。"

本章关键在于"从我者，其由与"几个字。孔子假想乘木筏到海外去，认为跟他一起走的只有仲由，充分肯定了子路的忠，始终愿意追随老师。

5.8 孟武伯问子路仁乎？子曰："不知也。"又问。子曰："由也，千乘之国，可使治其赋也，不知其仁也。""求也何如？"子曰："求也，千室之邑，百乘之家，可使为之宰也，不知其仁也。""赤也何如？"子曰："赤也，束带立于朝，可使与宾客言也，不知其仁也。"

6.8 季康子问："仲由可使从政也与？"子曰："由也果，于从政乎何有？"曰："赐也可使从政也与？"曰："赐也达，于从政乎何有？"曰："求也可使从政也与？"曰："求也艺，于从政乎何有？"

孟武伯原本只是问子路、冉求、公西赤是否称得上仁，孔子却借机向孟武伯大力推荐自己的弟子。孔子回答得非常巧妙，既不否定，也不肯定，只是说自己不知道他们能否称得上仁，但却对每位弟子的能力了然于心：认为子路可以负责拥有千辆兵车的国家的兵役和军政工作；认为冉求可以当拥有千户人口百辆兵车的地区的第一行政长官；认为公西赤可以穿上礼服行走于朝堂之上接待外宾。而在6.8回答季康子的时候，孔子肯定了子路的果敢决断、端木赐（子贡）的通情达理以及冉求的才艺双绝。又据11.3孔门四科十哲，冉求、子路均在政事科，足见三人都是政治人才。总之这些弟子都是人才。孔子在推荐弟子从政的过程中，完成了对弟子的评价。

5.9 子谓子贡曰："女与回也孰愈？"对曰："赐也何敢望回？回也闻一以知十，赐也闻一以知二。"子曰："弗如也；吾与女弗如也。"

6.3 哀公问："弟子孰为好学？"孔子对曰："有颜回者好学，不迁怒，不贰过。不幸短命死矣，今也则亡，未闻好学者也。"

6.7 子曰："回也，其心三月不违仁，其余则日月至焉而已矣。"

6.11 子曰："贤哉，回也！一箪食，一瓢饮，在陋巷，人不堪其忧，回也不改其乐。贤哉，回也！"

11.4 子曰："回也非助我者也，于吾言无所不说。"

根据5.9，单单就智力而言，通过孔子和子贡的一问一答，颜回明显比子贡更胜一筹。结合6.3、6.7、6.11，颜回在好学、乐学、坚守仁德、甘于贫穷等方面胜过所有师兄弟。当然，颜回也不是没有短板。11.4孔子自己都说，颜回这孩子不是一个对他有所促进和助益的人，因为颜回对他讲的话没有一句不心悦诚服的。也就是说，颜回善于吸收但不善于释放，善于学习但不善于质疑。

5.10宰予昼寝。子曰："朽木不可雕也；粪土之墙不可杇也；于予与何诛？"子曰："始吾于人也，听其言而信其行；今吾于人也，听其言而观其行。于予与改是。"

理解本章，重点不在前一句，而在后一句。孔子认为，看一个人，对一个人做出合理评价，不能"听其言而信其行"，而应"听其言而观其行"。

7.11子谓颜渊曰："用之则行，舍之则藏，惟我与尔有是夫！"子路曰："子行三军，则谁与？"子曰："暴虎冯河，死而无悔者，吾不与也。必也临事而惧，好谋而成者也。"

9.27子曰："衣敝缊袍，与衣狐貉者立，而不耻者，其由也与？'不忮不求，何用不臧？'"子路终身诵之。子曰："是道也，何足以臧？"

12.12子曰："片言可以折狱者，其由也与？"子路无宿诺。

众多弟子中，孔子偏爱颜回，经常给出最高评价，认为被重用就大展拳脚，被抛弃就抽身自爱，除开自己只有颜回能够做到。相反，弟子中数子路最勇敢，7.11虽由子路自己讲出，实则也是孔子对他的看法。子路勇敢，孔子其实是赞许的，只不过希望子路懂得面临重任要小心谨慎，善于谋划方能成事。除了勇敢，子路身上还有许多优点，他能够做到穿着破衣烂衫与穿着高档皮衣的人站在一起而不觉得羞愧，这是很多人都做不到的，其人格独立和精神至上，孔子为拥有这样的弟子也感到自豪。又据12.12，子路善于断案，一旦许诺必会履行诺言。抛开缺点，子路的优点不比颜回少。

11.5子曰："孝哉闵子骞！人不间于其父母昆弟之言。"

11.14鲁人为长府。闵子骞曰："仍旧贯，如之何？何必改作？"子曰："夫人不言，言必有中。"

闵子骞是出了名的大孝子。11.3孔门四科十哲中，闵子骞在德行科。按照今天的说法，德行科排在言语科、政事科、文献科之前，是最好的科目，德行科的四名弟子不止德行超越常人，而且兼具其他三科的知识和能力。闵子骞就具有言语科的本事，11.14 孔子都说闵子骞虽然平时不爱讲话，但是一讲话总能讲到点子上。

11.16 子贡问："师与商也孰贤？"子曰："师也过，商也不及。"曰："然则师愈与？"子曰："过犹不及。"

11.18 柴也愚，参也鲁，师也辟，由也喭。

11.19 子曰："回也其庶乎，屡空。赐不受命，而货殖焉，亿则屡中。"

11.22 ……子曰："求也退，故进之；由也兼人，故退之。"

孔子弟子三千，达者七十二，而出现在《论语》中的 30 名弟子虽非完人，多有缺点，但却个性鲜明，魅力非凡。颛孙师（子张）行事容易过头，而且性格比较偏激；而卜商（子夏）往往又不容易达到；高柴愚笨；曾参迟钝；仲由（子路）有些卤莽，胆大，爱往前冲；冉求胆小，遇事容易退缩。众弟子什么特点，孔子全都一清二楚。

11.3 德行：颜渊，闵子骞，冉伯牛，仲弓。言语：宰我，子贡。政事：冉有，季路。文学：子游，子夏。

孔子因材施教，而在施教之前先对材料进行辨别和鉴别。当然，本章所作评价明显完成于孔子晚年，是在这些弟子跟随自己多年以后，根据每个人的特长而得出的。

三、间接的评价

孔子除开对自己的学生了然于心，清楚每个学生的性格特点，对许多同时代的人也有自己独特的看法。

被评人	结论	依据	原典
申枨	并非刚毅不屈	欲望太重	5.11 子曰："吾未见刚者。"或对曰："申枨。"子曰："枨也欲，焉得刚？"
孔文子	配称"文"这一谥号	敏而好学，不耻下问	5.15 子贡问曰："孔文子何以谓之'文'也？"子曰："敏而好学，不耻下问，是以谓之'文'也。"

续表

被评人	结论	依据	原典
晏平仲	值得敬重	擅长跟人打交道	5.17 子曰:"晏平仲善与人交,久而敬之。"
臧文仲	不知礼,不明智	喂养大神龟,并用祖庙的装饰（梁上雕刻着山、短柱上画着水草）供养	5.18 子曰:"臧文仲居蔡,山节藻梲,何如其知也?"
令尹子文	忠于国家,洁身自爱,不够智慧,算不得仁	三次就任宰相,都未露出高兴的脸色；三次被罢免,同样也未露出怨恨的脸色。每次卸任都把自己推行的政策告知新宰相。崔杼以下犯上杀掉齐庄公,陈文子有四十匹马,也毅然舍弃离开了齐国。所到国家,但凡当权者跟齐国的崔杼一样,都会离开	5.19 子张问曰:"令尹子文三仕为令尹,无喜色；三已之,无愠色。旧令尹之政,必以告新令尹。何如?"子曰:"忠矣。"曰:"仁矣乎?"曰:"未知,焉得仁?""崔子弑齐君,陈文子有马十乘,弃而违之。至于他邦,则曰,'犹吾大夫崔子也。'违之。之一邦,则又曰:'犹吾大夫崔子也。'违之。何如?"子曰:"清矣。"曰:"仁矣乎?"曰:"未知,焉得仁?"
宁武子	有大智慧	国家政治清明,则显得非常聪慧；反之,则装愚笨	5.21 子曰:"宁武子,邦有道,则知；邦无道,则愚。其知可及也,其愚不可及也。"
微生高	并非直爽	有人向他讨醋,他不直说没有,却向邻人讨来送人	5.24 子曰:"孰谓微生高直?或乞醯焉,乞诸其邻而与之。"

续表

被评人	结论	依据	原典
子桑伯子	不加分辨，一切从简	自处严肃认真而又行事简要，以此治理百姓；自处简单并简单行事	6.2 仲弓问子桑伯子。子曰："可也简。"仲弓曰："居敬而行简，以临其民，不亦可乎？居简而行简，无乃大简乎？"子曰："雍之言然。"

评价是一个人对外界一切人、事、物的反应。即便吃一道菜，我们也可以做出基本的判断：好吃；不好吃。孔子做过评价的人应该很多，《论语》中就有不少。

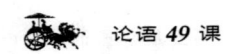

36　众说孔子

评价者	结论	依据	原典
鲁国人	不知礼	孔子到了太庙，什么事都问	3.15 子入太庙，每事问。或曰："孰谓鄹人之子知礼乎？入太庙，每事问。"子闻之，曰："是礼也。"
仪封人	木铎	天下无道太久了，上天将会启用孔子做人民的导师	3.24 仪封人请见，曰："君子之至于斯也，吾未尝不得见也。"从者见之。出曰："二三子何患于丧乎？天下之无道也久矣，天将以夫子为木铎。"
弟子	温而厉，威而不猛，恭而安	参考《论语》第十篇	7.38 子温而厉，威而不猛，恭而安。
达巷党人	博而不专	博学多才，却无处施展抱负，成就名声	9.2 达巷党人曰："大哉孔子！博学而无所成名。"子闻之，谓门弟子曰："吾何执？执御乎？执射乎？吾执御矣。"
颜回	其人高深莫测，学问坚不可摧	孔子善于引导，用"文"来丰富弟子的知识，用"礼"来约束弟子的行为，弟子想停下来都不可能。颜回认为自己已经用尽才力，一旦孔子又有了新的建树，自己即便是想跟上去，又不知道从哪里入手了	9.11 颜渊喟然叹曰："仰之弥高，钻之弥坚。瞻之在前，忽焉在后。夫子循循然善诱人，博我以文，约我以礼，欲罢不能。既竭吾才，如有所立卓尔。虽欲从之，末由也已。"

续表

评价者	结论	依据	原典
微生亩	卖弄口才	忙忙碌碌，四处游说	14.32 微生亩谓孔子曰："丘何为是栖栖者与？无乃为佞乎？"孔子曰："非敢为佞也，疾固也。"
早上看守晨门的人	知其不可而为之者	参考《史记·孔子世家》	14.38 子路宿于石门。晨门曰："奚自？"子路曰："自孔氏。"曰："是知其不可而为之者与？"
担着草筐的人	丢人现眼	荷蒉者从孔子击磬的硁硁磬声中听出了孔子生怕没有人知道他和了解他的主张	14.39 子击磬于卫，有荷蒉而过孔氏之门者，曰："有心哉，击磬乎！"既而曰："鄙哉，硁硁乎！莫己知也，斯己而已矣。深则厉，浅则揭。"……
叔孙武叔	水平不及子贡	——	19.23 叔孙武叔语大夫于朝曰："子贡贤于仲尼。"子服景伯以告子贡。子贡曰："譬之宫墙，赐之墙也及肩，窥见室家之好。夫子之墙数仞，不得其门而入，不见宗庙之美，百官之富。得其门者或寡矣。夫子之云，不亦宜乎！"
子贡	孔子高深莫测	通过打比方，说明老师学问之深、人品之高	
	孔子学问有深有浅	子贡坦言，孔子关于文献典籍的学问他还能听得到，关于命运和天道的言论他也听不到	5.13 子贡曰："夫子之文章，可得而闻也；夫子之言性与天道，不可得而闻也。"
	孔子高不可攀	在子贡眼里，孔子是高不可攀的，就好比天不能通过梯子爬上去。通过假设表明孔子可以成为人民的精神领路人	19.25 陈子禽谓子贡曰："子为恭也，仲尼岂贤于子乎？"子贡曰："君子一言以为知，一言以为不知，言不可不慎也。夫子之不可及也，犹天之不可阶而升也。夫子之得邦家者，所谓立之斯立，道之斯行，绥之斯

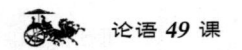

续表

评价者	结论	依据	原典
陈子禽	怀疑孔子水平不及子贡	认为子贡太过谦虚，孔子并不比他强	来，动之斯和。其生也荣，其死也哀，如之何其可及也？"

第六篇 圣门高徒

37　朽木可雕

孔子以《诗》《书》《礼》《乐》教授弟子，门下弟子多达三千。其中玩转六艺的有 72 人，这 72 人中又有 10 人被孔子选拔进入"名人堂"，便是孔门"四科十哲"，可谓尖子生中的尖子生。

11.3 德行：颜渊，闵子骞，冉伯牛，仲弓。言语：宰我，子贡。政事：冉有，季路。文学：子游，子夏。

孔子的弟子各有所长。德行好的有：颜渊、闵子骞、冉伯牛、仲弓。娴于辞令的有宰予和子贡，他们都能说会道，思维敏捷。善于办理政事的有冉有、季路，他们都做过季氏家的管家；擅长搞学问，熟悉古代文献的有子游、子夏。

作为尖子生中的尖子生，宰予虽然入驻"名人堂"，却在《论语》中的出镜率相当低，甚至不及同门师兄弟子路、子贡的五分之一。但若论上镜，宰予绝对排第一。按照我们今天习惯的说法，宰予只要出场，免不了令一干配角黯然失色，总让一众粉丝狂欢尖叫，甚至刮起十级台风，足以撼动孔子的思想大树。请看：

6.26 宰我问曰："仁者，虽告之曰，'井有仁焉。'其从之也？"子曰："何为其然也？君子可逝也，不可陷也；可欺也，不可罔也。"

孔曰成仁，孟曰取义。仁乃孔子思想的核心和灵魂。孔子致力于恢复周礼，12.1"克己复礼为仁"。但要知道礼以仁为基础，3.3"人而不仁，如礼何？" 3.8"礼后乎？"可证。

宰予心想，老师您老人家不是经常都把仁挂在嘴边吗？您老人家不是说 7.15"求仁而得仁"、7.30"我欲仁，斯仁至矣"、仁是 12.22"爱人"吗？那好，弟子有个问题请教您老人家：一个仁者，假设告诉他，有个仁者掉井里了，他到底要不要跳下去救人呢？这其实是一个陷阱问题，可谓刁钻至极。

相当于宰予给孔子挖了一个坑，就看老师跳不跳。

孔子若是回答不跳，那么宰予必定会说：你这是见死不救！你算什么仁者！孔子若是回答跳吧，但跳下去势必会跟着前面那位仁者一块儿淹死在井里，那么宰予必定又会说：你傻不傻呀！井里没人，我只是打比方！你算什么智者！这就好比宰予跟孔子下棋，宰予事先把所有的路都封死了，让孔子无路可走，但孔子又不得不走。

孔子是怎样回答的呢？老师毕竟是老师！

孔子不但没有回答宰予的问题，反倒说宰予问的问题有问题。孔子说："为什么这样问呢？"孔子并不是说宰予问得没道理，而是他本就不该问这样的问题，本就不该想精想怪捉弄人，因为这不符合君子之道。7.37"君子坦荡荡，小人长戚戚。"没有的事情，干吗要假设？再说可以让君子到井边救人，不一定非得跳下去，不可陷害君子跳井；可以利用君子的善良欺骗他，但不可以用如此荒唐的事情愚弄他。毕竟欺骗只是为了利己，利用他的善良；愚弄完全就是损人，损伤别人的人格和尊严。

孔子回答宰予的问题了吗？当然没有。宰予问的是要不要，孔子回答的是可不可，明显答非所问。

孔子被问了个措手不及，通过否定宰予的问题并辅以教育，总算勉强应付过去了。可宰予这一问，多少动摇了孔子那棵思想大树的根。宰予以彼之道还施彼身，或者说以子之矛攻子之盾，戳中了孔子的要害。

当然宰予并非不喜欢老师的思想，也不是故意为难，只是在学习的过程中发现了问题，发现了老师的学说存在漏洞，所以有此一问。

从《论语》中可知，宰予多次顶撞自己的老师孔子，几乎每次都和孔子对着干。宰予的确算得上具有"独立之精神，自由之思想"，凡事都有他自己的主张。谁叫他太优秀！只不过每次都和老师抬扛，这让孔子实在很头痛！

17.21 宰我问："三年之丧，期已久矣。君子三年不为礼，礼必坏；三年不为乐，乐必崩。旧谷既没，新谷既升，钻燧改火，期可已矣。"子曰："食夫稻，衣夫锦，于女安乎？"曰："安。""女安，则为之！夫君子之居丧，食旨不甘，闻乐不乐，居处不安，故不为也。今女安，则为之！"宰我出，子曰："予之不仁也！子生三年，然后免于父母之怀。夫三年之丧，天下之通丧也，予也有三年之爱于其父母乎！"

如果说前面宰予多少动摇了老师那棵思想大树的根，那么这里他又动摇了老师那棵思想大树的干。

这次话题还是宰予挑起的，聊的是礼和乐的问题，这对孔子来说是重大问题。礼和乐既是孔子的终极目标，也是孔子驰骋江湖的两把利剑。

孔子一生致力于恢复周礼，无论是个人生活、教育教学，还是四方游说，孔子都特别重视礼乐。礼用以规范行为，乐用以净化心灵。孔子本身也是音乐大师，弹得一手好琴，课堂上和学生谈话交流也总有音乐相伴。11.26 "子路、曾皙、冉有、公西华侍坐" "各言其志"，就是曾点（曾皙）在一旁鼓瑟。

周礼在孔子看来完美至极，神圣不可侵犯。既然周礼那样完美，鲁国又是周公的封地，按理说在鲁国一直被传承。

但现实怎样呢？

就拿孝（礼的具体表现之一）范畴内的"三年之丧"来说，宰予认为，父母去世以后子女披麻戴孝三年（二十五个月）实在太长了，守孝一年也就可以了。宰予这样讲肯定有他的理由。根据《礼记》中的《丧大记》《丧服大记》《奔丧》《问丧》等篇，可知真正的孝子在守丧期间"居于倚庐，寝苫枕块，哭泣无数，服勤三年，身病体羸，扶而后能起，杖而后能行"。也就是说，孝子守孝期间，不但不能有一丝一毫的作为，还要把自个儿折腾得半死不活。宰予的理由是君子如果三年不习礼，礼定会被败坏；君子若是三年不作乐，乐定会被荒废。为什么说守孝一年就可以了呢？因为一年下来，陈谷子都已经吃完了，新谷子又长出来了，一季一换的打火木也已经循环一回了。

这是宰予明明白白讲出来的，已经足可指出孔子的问题所在了：您老人家一方面致力于恢复周礼，一方面又力主三年之丧，听任礼坏乐崩，岂非自相矛盾？

根据《孟子·滕文公上》："诸侯之礼，吾未之学也；虽然，吾尝闻之矣：三年之丧……自天子达于庶人，三代共之。""吾宗国鲁先君莫之行，吾先均亦莫之行也。"可知孟子也只是听闻；同时滕国的父老百官也不认同，滕定公死后，就不同意按照孟子所讲，定为三年之丧。足见"三年之丧"并非古礼。又据《墨子·非儒》："儒者曰：亲亲有术，尊贤有等。""其《礼》曰：丧，

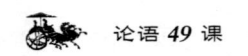

父母，三年。"可知"三年之丧"应为儒礼。

因此宰予的言外之意很可能是：三年之丧本就不是周公制礼，只不过是您老人家的一厢情愿罢了。您老人家也不看看，现在有几个人能够坚持三年？您现实一点好不好？其实周礼也并不像您讲的那样完美。周礼真要是那样好，人们早就自觉地遵守了，何至于落得今天这般礼坏乐崩的地步呢？老师，您就不要再自欺欺人了！

宰予的话可谓句句在理。那么孔子又是如何回答的呢？这次孔子没有发火，没有给宰予当头棒喝，而是耐着性子问宰予："父母死后还不到三年，你就吃精细粮，穿锦缎衣，你心安吗？"宰予说："安啊！"我们甚至可以想象宰予回答孔子问话时的那种口气。简简单单一个"安"字，却把孔子怼得相当厉害。

因此孔子便说："你若心安，那就照你说的办吧！"这话说得有些丧气，明显感觉是压住一肚子火讲出来的。这火压得孔子极不痛快，但又不便于表露，只好拿君子说话："君子守孝期间，吃再美味的食物都尝不出味道，听再美妙的音乐都不觉得好听，住再豪华的地方都不感到心安，因此才不会这样干。如今你既心安，那就照你说的办好了！"

这番话是否让宰予有所触动或反思，我们不得而知，只知道宰予退下去以后，孔子终于没能忍住，直接说宰予"不仁"。《论语》中孔子甚少评价别人"仁""不仁"，5.8评价子路、冉求、公西赤，只说"不知其仁也"，意思是不知道他有没有仁德，唯独直接说宰予没有仁爱之心。

孔子这样讲，无异于盖棺定论。

孔子为什么如此重视跟强调"三年之丧"呢？因为他认为"小孩子出生三年，方可脱离父母亲的怀抱。父母死后守孝三年，乃是天下通行的丧礼"。宰予有他的理由。孔子也有他的逻辑。宰予重现实。孔子重礼仪。师徒两人就像两条平行的直线，永远也不会相交。

宰予这样怼老师，惹老师生气，孔子除了难受，可有原谅他？个人认为是原谅的。宰予极具个性，是能够对孔子有所启发的学生。7.31孔子就说"丘也幸，苟有过，人必知之"。意思是说我真的很幸运，一旦有错，人家必定会给我指出来。人家指出他的错误，他是感到很幸运的。这么说，孔子从来就不反对质疑，15.28 他不就说"众恶之，必察焉；众好之，必察焉"吗？

相反颜回从来不唱反调，孔子无论说什么他都觉得好，但孔子却以此为憾。11.4 孔子就说"回也非助我者也，于吾言无所不说"，所以即便宰予当时让孔子心里极不好受，甚至极其反感，依照孔子的修为和逻辑，相信过后一定会在心里感激宰予，毕竟宰予的质疑精神以及敢于挑战权威的勇气，正是其他弟子所不具备的。

再说宰予跟子贡等师兄弟们一样，自始至终都是孔子的忠实信徒。宰予质疑老师的学说主张，并不等于不尊重老师。《孟子·公孙丑上》记载："宰我曰：'以予观于夫子，贤于尧、舜远矣。'"意思是说，在我看来，我们老师孔子比他仰慕的尧、舜强多了。宰予很明显是很尊敬孔子的。当然，孔子也爱他的学生宰予，要不然他就不会这样想了："宰予从他父母那里有得到过三年怀抱的呵护吗？"言下之意，宰予认为守孝三年太长，很可能跟他小时候没有享受到父母之爱有关。

如果说前面宰予分别动摇了孔子思想的"根（本）"和"干（末）"，下面这次宰予干脆同时动摇老师思想的里里外外。

3.21 哀公问社于宰我。宰我对曰："夏后氏以松，殷人以柏，周人以栗，曰，使民战栗。"子闻之，曰："成事不说，遂事不谏，既往不咎。"

鲁哀公问宰予制作供奉祖先或死者用的那个木牌子用什么木材好。宰予告诉他夏代用松木、殷代用柏木、周代用栗木，并且进一步告诉鲁哀公，周代用栗木，其用意很明显：是为了使老百姓战栗畏惧。鲁哀公问这话，实为不怀好意，或者说心有所指。当时鲁国三桓不但专权，而且专政，以至于鲁国好几位国君（鲁昭公、鲁定公、鲁哀公）都无实权。鲁国的国君作为制定周礼的周公之后，自然知道周代用什么木。三桓与鲁哀公都是周公的后人，他们面对鲁哀公会感到战栗畏惧吗？鲁哀公能和三桓开战吗？我们无法知道。但宰予明显理解鲁哀公的心意，要不然也就不会专门针对周代用栗木详加说明了。

宰予这样直接，讲得又这样直白，不外乎以下两层面意思。

一是说周礼不外乎如此，当权者还不是依靠权势和威势来镇压和震慑老百姓？然而 3.14 咱们老师偏说"周监于二代，郁郁乎文哉！吾从周"，意思是说孔子认为周朝的礼仪制度借鉴夏商朝而又胜于夏商朝，丰富多彩，他遵循周朝的礼仪。但周朝的礼仪并不人性。

二是说礼以仁为根本，然而周礼何尝仁？何尝有仁？《孟子·滕文公下》上讲："尧舜既没，圣人之道衰微，暴君代作，坏宫室以为污池，民无所安息；弃田以为园囿，使民不得以食。""世道衰微，邪说暴行有作，臣弑其君者有之，子弑其父者有之。孔子惧，作《春秋》。"翻译成白话文："尧舜死了以后，圣人之道逐渐衰微，残暴的君主不断出现。他们毁掉民居来挖掘池塘，使老百姓无处安身；毁坏良田来建造园林，使得老百姓没有吃的和穿的。""世道变坏，荒谬的邪说、残暴的行为应运而生：有臣子杀死君王的，也有儿子杀死父亲的。孔子为此感到忧郁、恐惧，于是写了《春秋》。"然而，单是《春秋》所记鲁国 240 年间，弑杀国君就有 36 次，其中就有儿臣杀死父王的。老师您就生活在这么一个邪说暴行时代，哪有人讲礼！哪有人讲仁！何况周礼乏仁！

可是孔子何尝不知！

当然，宰予回答鲁哀公这番话时，孔子没在旁边。孔子是事后才听到的：一来暗示鲁哀公不可与三桓开战，毕竟实力悬殊，向三桓开战没什么好处；不可搞震慑百姓那一套，武力镇压只会引来暴动。二来劝慰宰予不要揪住过去的事情不放。孔子原话是说："陈年往事不必解释，已成定局不可挽回，过往之事不再追究。"这次孔子并没有说宰予胡说八道，足见宰予说得有道理，讲的是事实，孔子只想告诉他不说为好。

上面笔者说宰予撼动了孔子思想大树的"根（本）"和"干（末）"，只不过是就道理层面来讲的。实际上，孔子的思想岂是说撼动就能撼动！孔子何许人也！但凡孔子认定的事情，谁也改变不了，其人意志坚不可摧。因此，以上几件事情也只不过是说宰予在学说上跟孔子很不一样，他善于思考，质疑精神十足，凡事都有自己的看法和主张，不人云亦云，也不盲目遵从，时刻保持着理性。这没少让孔子郁闷。

宰予在生活中也是特立独行，以至于孔子对他破口大骂。

没想到吧，16.10 一向主张"视思明；听思聪；色思温；貌思恭；言思忠；事思敬；疑思问；忿思难；见得思义"的孔老师，居然也会爆粗口。

5.10 宰予昼寝。子曰："朽木不可雕也；粪土之墙不可杇也；于予与何诛？"子曰："始吾于人也，听其言而信其行；今吾于人也，听其言而观其行。于予与改是。"

人们今天谈到宰予，都知道因为他大白天睡懒觉，孔子骂他是"朽木不可雕也；粪土之墙不可杇也"，就好比今天人家骂你"烂泥扶不上墙"。

孔子这话骂得极其难听，但却极有水准，以至于今天很多父母因为望子成龙、望女成凤心切而子女偏又不争气，还这样骂。因此，我们称之为千古一骂也不为过。

很多人在讲到《论语》这一章的时候，都会添油加醋，说什么孔子讲课内容枯燥，以至于听课的学生不感兴趣，因此宰予干脆躺在课桌上睡大觉。做这种解读之人，我劝他们认真读读原文，书上是说"宰予昼寝"，只说宰予白天睡觉。古人普遍认为应当遵循太阳的起落安排作息，一如《击壤歌》所讲："日出而作、日落而息。"宰予白天不学习不干活而是躺起来睡大觉，孔子作为他的老师，骂他也是应该的，骂他乃是希望他好。

孔子骂人自然不会白骂，他从骂宰予中发现一条识人道理：看一个人，不能只是听他说得多么好，还要看他做得多么好。也就是说，说得好不如做得好。

这件事情带给孔子的影响很大，根据《史记·仲尼弟子列传》记载，孔子说过："吾以言取人，失之宰予；以貌取人，失之子羽。"澹台灭明（也就是子羽）长相丑陋，然而学有所成，从不走歪门邪道，而且弟子众多，名声显扬。孔子以貌取人，澹台灭明后来的成就是他没有想到的；宰予能说会道，便是"巧言"，17.17 孔子说"巧言令色，鲜矣仁"。事实上宰予只是口才好，既非"巧言"，也非"令色"。

整部《论语》记载宰予，只有五章。很可能宰予因为过于激进得罪了不少人，估计同门师兄弟也都不喜欢他，孔子的徒孙辈们编撰《论语》时都不愿收录他的言行。而且其他文献中记录宰予的也不多。《史记·仲尼弟子列传》还提到过他问孔子"五帝之德"。但孔子没有回答他，只说"予非其人也"，意思是说"你不是问这种问题的人"。

另外作者署名为孔鲋的《孔丛子·嘉言》中讲了宰予一件事情：宰我使

于齐而反，见孔子曰："梁丘据（齐侯姜子牙后裔，春秋时期齐国的大夫，深受齐景公的赏识，后受封地于山东梁丘，以封地为姓，为梁丘姓始祖）遇虺（huī，毒蛇）毒，三旬而后瘳（chōu，病愈）。朝。齐君会大夫众宾而庆焉，弟子与在宾列。大夫众宾并复献攻疗之方。弟子谓之曰：'夫所以献方，将为病也。今梁丘子已瘳矣，而诸夫子乃复献方，方将安施？意欲梁丘大夫复有虺害当用之乎？'众坐默然无辞。弟子此言何如？"夫子曰："汝说非也，夫三折肱为良医（典出《左传·定公十三年》："齐高强曰：'三折肱，知为良医。'"意思是说胳膊多次折断，就能学会治疗骨折成为这方面的好大夫。后用此典比喻对某种事情阅历多，经验就越丰富，造诣就越精深）。梁丘子遇虺毒而获瘳，诸有与之同疾者，必问所以已之之方焉，众人为此故各言其方，欲售之以已人之疾也。凡言其方者，称其良也，且以参据所以已之之方优劣耳。"

今按孔鲋为孔子的八世孙，秦朝末年曾出任陈胜领导的农民起义军的博士，不久便死于河南淮阳，他似乎没有可能撰写《孔丛子》，该书记录宰予之事也真假莫辨。

可以肯定的是，宰予口才好，从政为官自不在话下。司马迁在《史记·孔子世家》中就有这样一段记录：

昭王将以书社地七百里封孔子。

楚令尹子西曰："王之使使诸侯有如子贡者乎？"曰："无有。""王之辅相有如颜回者乎？"曰："无有。""王之将率有如子路者乎？"曰："无有。""王之官尹有如宰予者乎？"曰："无有。"……今孔丘得据土壤，贤弟子为佐，非楚之福也。"

昭王乃止。

有关宰予的结局，主要有两处记载。一是韩非在《韩非子·难言》中讲："宰予不免于田常。"意思是说，田常谋反，宰予到底没有逃脱干系。二是司马迁在《史记·仲尼弟子列传》中讲："宰我为临淄大夫，与田常作乱，以夷其族，孔子耻之。"意思是说，宰予在齐国临淄做大夫，和田常一起作乱，最后被灭族。

两者都为宰予安排了悲惨的结局，但窃以为这不是事实。《索隐》上讲：

"《左传》阚止字子我，为陈恒所杀，字与宰予相涉，因误。"这便是说，齐国有个叫阚止（又名监止）的人，字子我，与田常任齐国的左右相，公元前481年，田常犯上作乱，杀死了阚止和当时齐国的国君齐简公。而宰予，宰氏，名予，字子我，又称宰我。宰予和阚止的字，都是子我，田常杀死的是阚止而不是宰予。

尽管宰予生前多次质疑孔子，惹孔子生气，被孔子臭骂，说他"不仁"，然而后世对他评价却相当高，追封他为"齐侯""临淄公""齐国公"；嘉靖九年，称为"先贤"，从祀孔庙。

38　由也升堂

古代宫室，前面是堂，后面是室。要想进入其中，唯有登上厅堂，方可进入内室。成语"升堂入室"，又为登堂入室、入室升堂，意即登上厅堂进入内室，比喻一个人学问或技能由浅入深，已经达到相当高的水平了。

根据《论语》记载，子路喜欢鼓瑟，技能稍有提高，便在孔子面前表演起来。

我猜子路有些炫耀的成分在里面。于是孔子就说："由啊，就你那点儿水平，也好意思到我这里表演？"孔门弟子因此瞧不起子路。孔子便又说："仲由的修养其实已经很不错了，已经达到了登上厅堂的程度。只不过还差一点儿火候，没有进入深奥的内室。"孔子表面上是在评价子路的鼓瑟技艺，实则也是评价子路的道德修为，认为子路已经达到登堂的程度。孔子对子路的这一评价非常中肯，而"升堂入室"一词也正好能够概括子路不断成长、不断成熟、不断完善自己的一生。

子路，姓仲，名由，字子路，即今山东泗水东下桥镇人，比孔子小9岁。

根据《史记·仲尼弟子列传》所记：

"子路性鄙，好勇力，志伉直，冠雄鸡，佩豭豚，陵暴孔子。孔子设礼稍诱子路，子路后儒服委质，因门人请为弟子。"

子路性格粗鲁浅陋，喜欢逞勇斗力，志气刚强爽直，头戴鸡冠式的帽子，身佩用野猪皮装饰的剑，曾经欺负过孔子。孔子通过设置礼仪的方式慢慢地诱导子路改邪归正，子路于是改穿儒服，通过孔子的门人委身拜在孔子门下，遂成为孔子的首期弟子。子路最终同第二期弟子冉求，同列孔门"四科十哲"的政事科。

《史记·仲尼弟子列传》中司马迁评价子路"性鄙，好用力"。《列子·仲尼》《说苑·杂文》中孔子评价子路"能勇而不能怯"。《淮南子·人间训》中有人问:"子路何如人也?"孔子回答说:"勇人也,丘弗如也。"孔子认为子路很勇敢,连他都赶不上。但孔子又进一步说自己"勇且怯",子路能"勇",但不能"怯"。

有关子路的性格,《论语》中多有记载。

孔子曾将高柴(字子羔)、曾参、子张、子路放在一起比较,说"由也喭",意思是说子路非常鲁莽。

季康子问孔子:"子路可以让他从政吗?"孔子回答说:"由也果,于从政乎何有?"意思是说子路果敢决断,让他从政有什么难的呢?

孔子曾说:"穿着破衣烂衫,与穿着高档皮衣的人站在一起,能够做到一点儿也不会觉得羞愧的,大概只有仲由吧!"又说:"《诗经》上说:'不嫉妒,不贪图,怎能不好?'"子路于是经常将《诗经》中的这两句诗挂在嘴边。孔子为了勉励子路,便说:"你就这么点儿出息,怎么能够好得起来呀!"

孔子的弟子中,闵子骞陪在孔子身旁,总是一副中正的样子;子路则牛牛的样子;冉求和子贡则一副和乐的样子。孔子非常高兴,但是见到子路那个样子却说:"像仲由这样子,怕是不得善终。"孔子本来只是玩笑话,没想一语成谶,子路最后真的死于乱刀之下。

有一天,子路问孔子:"听说某事就干起来吗?"孔子说:"有父亲兄长在,怎么可以听说某事就干起来呢?"冉求也问:"听说某事就干起来吗?"孔子说:"听说某事就干起来。"一旁的公西华见子路、冉求两人问同样的问题而孔子回答完全相反,便说:"仲由问听说某事就干起来吗,您说'有父亲兄长在';冉求也问听说某事就干起来吗,您说'听说某事就干起来'。我公西赤有些不明白,因此斗胆一问。"公西华的疑惑是,听说某事到底要不要干起来呢?

孔子说:"冉求胆小,遇事退缩,所以推他一把;仲由胆大,老是爱往前冲,所以拽他一拽。"孔子的原话是"由也兼人,故退之",可知子路胆大、勇敢不假。

有一阵子,孔子有些短暂的失落和消沉,便说:"我的主张行不通了呀!还是乘木筏到海外去吧!但我估计,愿意跟我一起走的也就只有仲由吧?"一旁的子路听到后很高兴。孔子担心子路信以为真,不忍心伤害到子路,便说:

"由啊，你比我有勇气，只可惜我找不到扎木筏的材料。"这里不但见出子路非常有勇气，而且见出子路对孔子忠贞不贰。

孔子喜欢颜回不假，但要说和孔子的心贴得最近的，自然非子路莫属，尽管子路没少被孔子敲打甚或责骂。

有一天，孔子对颜回说："被人使用就大展拳脚；被人抛弃就抽身自爱。恐怕只有我跟你才做得到吧！"这话暗自透露出孔子一直都希望受到重用而始终未能如愿。但在子路听来，却是老师在表扬颜回，因此也想老师表扬表扬自己。子路说："您要是统帅大军作战，又会找谁一起呢？"孔子说："反正单凭赤手空拳搏击老虎、不用船只光脚过河、到死都不后悔的人，我是不会找他的。一定要找，我会找面临重任小心谨慎、善于谋划而能成事的人！"子路不但没有得到表扬，反而被孔子借机教训了一顿。

孔子为何认为一个人单单有勇不好呢？其实答案就在他和子路的对话中。子路问："君子崇尚勇敢吗？"孔子说："君子崇尚道义。君子光有勇敢而没有道义，就会犯上作乱；小人光有勇敢而没有道义，就会打家劫舍。"在孔子眼中，子路属于"暴虎冯河，死而无悔"之人。子路的道德品行俱佳，自然属于君子。但即便是君子，光有勇敢而没有道义，一样会犯上作乱。

有一天，孔子问子路说："仲由，你听说过六句话所讲的六种弊病吗？"子路回答说："没有听过。"孔子说："坐下！我来告诉你。喜欢行仁而不喜欢学习，其弊病是易招愚弄；喜欢聪明而不喜欢学习，其弊病是漫无所守；喜欢信实而不喜欢学习，其弊病是容易上当受骗而伤害自己；喜欢直率而不喜欢学习，其弊病是尖刻伤人；喜欢勇敢而不喜欢学习，其弊病是盲动生乱；喜欢刚强而不喜欢学习，其弊病是狂妄自大。"孔子认为，一个人只是喜欢勇敢而不喜欢学习，并且借以完善自己，最大的弊病就是容易盲动以至于生出乱子。因此孔子希望子路成为"临事而惧，好谋而成""义以为上""好勇好学"的人。

然而此种性格的子路，在追求学问以及做事方面往往也能体现出优秀的一面。孔子也说："根据原告或被告简单的讲述便可以断案的，恐怕也就仲由吧？"再者说，子路从来没有许诺而不马上履行诺言的。

优秀的子路也胸怀大志，并且对自己充满了自信。

有一天，孔子坐着，颜回、子路站在身边。孔子说："何不谈谈你们的志向呢？"子路说："我希望做到把自己的车子、马儿、布衣及裘皮跟朋友分享，即便用坏了也无所谓。"颜回说："我希望做到不自夸长处，不自我表功。"从子路自述其志可以看出，子路身上具有仁爱之心，懂得与人分享，也说明子路身上具有博爱之心，尽管单单做到这些还算不上仁人。

有一次，子路、曾皙、冉求、公西华陪坐在孔子身边。

孔子说："千万不要因为我比你们年纪大，就有所顾虑而不能畅所欲言。平日里你们不是经常说'别人不了解我啊'！假设现在有人了解你们，那么你们都想干什么呢？"子路想都没想就说："拥有一千辆兵车的国家夹在几个大国中间，外有大军侵犯，内有灾荒饥饿；我要是去治理，三年以后，保证能让人民英勇善战，并且识大体顾大局。"此番四名弟子的回答，唯有曾皙的"暮春三月，换上春装，和五六个青年人、六七个小孩子，在沂水洗洗澡，在舞雩台上吹吹风，然后唱着歌儿回家去"最令孔子满意。然而子路的志向却最为远大。当子路刚刚讲出自己的志向时，孔子只是一笑而过，并未做评价，而是问了冉求，冉求讲完以后跟着就问公西赤，公西赤讲完以后紧跟着又问曾皙，曾皙讲完以后孔子立马就说"吾与点也"，意思是说"我中意曾点的理想"。子路、冉求、公西华先出去以后，曾皙问孔子："他们三位讲得怎样？"孔子说："无非各言其志而已。"曾皙说："那么，老师为什么嘲笑仲由呢？"孔子说："治国讲求礼让，仲由讲话毫不谦虚，所以笑他。"孔子明言只是笑子路不够谦虚，并非笑他的志向，想必心里为子路有这种远大志向而暗自欣慰呢！

正因子路具有远大志向，孔子才会屡次举荐他。鲁国大夫孟武伯问孔子："子路达到仁的标准了吗？"孔子说："我不知道。"孟武伯又问了一次："子路达到仁的标准了吗？"孔子说："由嘛，一个拥有千辆兵车的国家，可以让他负责兵役和军政工作。至于他是否达到仁的标准，我不知道。"

鲁国三桓之一季氏的族人季子然也问孔子："仲由和冉求算是大臣吗？"孔子说："我还以为你是问其他人呢，原来是问仲由和冉求！所谓大臣，是以仁义服侍君主，如果行不通，就辞职不干。现在仲由和冉求，算是具备做臣子的条件了。"季子然进一步追问说："那么他们是绝对服从之人吗？"孔子说:"杀父亲和君主这等忤逆之事,他们是绝对不会服从的。"孔子言下之意,子路和冉求不但具备做臣子的各项条件,而且都是懂礼、重礼并且绝对不会违礼的人。这正是子路具有德行修养的表现。孔子曾对子路说:"由啊,了解德行修养的意义的人很少啊!"

子路请教如何服事鬼神。孔子说:"活人尚未服事好,何谈服事死人?"子路又说:"冒昧请教死为何物。"孔子说:"生的道理都没搞懂,何谈死的道理呢?"

子路请教如何搞好政治。孔子说:"自己率先示范,再安排老百姓劳动。"子路请求再讲一些。孔子说:"永不倦怠。"

子路问怎样做才可以称得上士人。孔子说:"相互指正,和睦相处,便称得上士人了。朋友之间应当相互指正,兄弟之间应当和睦共处。"

子路请教什么是完人。孔子说:"像臧武仲那样聪明智慧,像孟公绰那样清心寡欲,像卞庄子那样勇敢无惧,像冉求那样多才多艺,加之以礼乐提升文化修养,便可以说是完人了。"孔子接着又说:"当今完人何必如此?只要见到利益能够想到应不应得,遇到危险愿意献出生命,久处贫困始终不忘平日期许自己的话,便可以说是完人了。"

子路请教如何服事君上。孔子说:"不要欺骗他,还要犯颜直谏。"

子路请教如何成为君子。孔子说:"修炼自己从而谨慎从事。"子路说:"这样就行了吗?"孔子说:"修炼自己从而安抚他人。"子路说:"这样就行了吗?"孔子说:"修炼自己从而安定百姓。不过你要知道,修炼自己从而安定百姓,恐怕尧舜都未必做得到!"

子路以政事称,因此所问多与政事或有益于政事相关。细读《论语》就会发现,但凡子路所问,孔子必有所答,并且答得非常细致。不但会告诉他是什么,还会告诉他为什么。

当然,面对子路的问题,孔子很多时候不得不详加说明。

孔子周游列国晚期,大概是在卫出公当政初期,子路试探性地问老师孔子:"卫君正等着您走马上任,您第一件事情是干什么?"孔子说:"非得讲个先后顺序,那一定是首先纠正名分吧!"子路说:"竟然这样,您也太迂腐了!这有什么可纠正的?"孔子说:"你这个混蛋,仲由!君子对自己不了解的事情，一般都会持保留态度。你不懂就不要乱说！名分得不到纠正，说法也就不能顺理成章；说法不能顺理成章，事情也就办不成；事情办不成，礼乐制度也就推行不下去；礼乐制度推行不下去，刑罚也就不能按照标准执行；刑罚不能按照标准执行，百姓也就会手足无措。所以，君子所依赖的名分必定有个说法；有了说法，也就一定行得通。君子对他所讲的话不能有半点马虎方可罢休。"

想必正因如此，孔子才又对子路讲了另外一番今天读来依然非常经典的话："由！教给你的都懂了吗？知之为知之，不知为不知，是知也。"也就是说，懂了就是懂了，没懂就是没懂，这才算得上真懂！

孔子周游列国，子路从游期间，路上曾经遇到过长沮、桀溺和背着锄具的人，也曾遭遇过各种不痛快，好在总有老师孔子引导，帮助他一步步成长起来。

孔子住在陈国和蔡国期间，长沮、桀溺两人一同在田间劳作。孔子打那路过，吩咐子路询问渡口。长沮问："车上那位抓着马缰绳的是谁？"子路答："是孔丘。"长沮问："就是鲁国的那个孔丘吗？"子路答："正是。"长沮说："那他知道渡口在哪里嘛。"子路又问桀溺。桀溺问："你是谁？"子路答："我是仲由。"桀溺问："就是鲁国孔丘的弟子吗？"子路答："没错。"桀溺说："类似洪水泛滥成灾的情况，到处都是如此，你要跟谁去改变它呢？你与其追随逃避坏人的人（孔子之流），何不追随（我们这些）避开社会的人呢？"说完继续劳作，而不停歇。子路回来告诉孔子。孔子非常失望地说："飞禽走兽是不可能跟它们一起生活的，我不跟人类相处跟什么相处呢？若是天下太平，我也就不用跟你们一起努力改变它了。"

有了这样一段经历，子路也就更加理解自己的老师了。后来遇到荷蓧丈人并能说出那样一番话来，也就不足为奇了。

子路跟随孔子掉了队，碰到一位老人，用木杖挑着除草工具。子路问："你看到我的老师了吗？"老人说："你这个人，四体不勤，五谷不分，谁是你老师？"说罢，将木杖插入土中去除草。子路拱手站着，显得很有礼貌的样子。老人于是留下子路到他家中过夜，并且杀鸡煮饭给子路吃，还叫两个儿子出来相见。第二天，子路追上孔子后，讲述了这一经历。孔子说："这是一位隐士。"孔子吩咐子路回去找他。然而子路回到那里，发现老人已经走了。子路说："不做官是不符合道义的。长幼之间的礼节尚且不能够废弃；君臣之间的大义又怎么能够废弃呢？你原本想要洁身自爱，殊不知这样做却坏了重要的伦常关系，忽视了君臣之间的大义。君子出来做官，是做道义上应做的事。至于说我们的主张行不通，我们老早就知道了。"

子路的意思非常明显，认为老人既然让孩子出来见他，充分说明老人还是很重视长幼之间的规矩的。但子路认为自己和老师孔子等人跟老人明显不一样：老人只重小义而舍大义；他们属于明知不可而为之，属于重大义。子路能够认识到这一层，并且能够讲出这样的一番话来，足见子路的道德修为乃至精神境界。即便未能达到"入室"之境，也已达到"升堂"的程度了。

子路言下之意：明知不可而为之。这句话出自一个看门老人之口。

子路在鲁国曲阜城外的石门住了一夜。次日进城，守城门的人问："从哪里来？"子路说："从孔家来。"守城门的人说："就是那个明知做不到却还要去做的人吗？"老人的话明显是在讥讽孔子，但却巧妙地道出了孔子的伟大，形象地表达了孔子伟大的救世精神，也间接启发子路认清了自己的初心与使命。

另一方面，子路从游，真可谓一路接受教育，一路学习，一路修行，一路成长。

早在孔子周游列国之前，子路就曾跟随孔子耳濡目染，具有一定的修为。只不过还不懂灵活变通，看问题往往有些片面。

公山弗扰盘踞费邑造反，主要是反叛季氏，召请孔子帮忙。孔子意欲前往。子路很不高兴，说："没有地方可去了吗？你干吗非得去公山氏那里呢？"孔子说："那个召我之人难道可以白白召我吗？如果有人用我，我不就能让周文王周武王之道在东方复兴了吗？"孔子言下之意，他可以跟公山弗扰谈条件！子路却看不到这一层。

等到子路成为季氏的管家，协助孔子成功拆掉费地城墙，打跑公山弗扰之后，子路叫高柴当费地的行政长官。孔子说："你这是在害他！"子路说："当地有老百姓可以治理，有土神和谷神可以祭祀，干吗非得读书，才算做学问呢？"孔子说："就因为你这样，我才讨厌那些强词夺理之人。"子路只考虑到费地目前没有行政长官,高柴又是自己的师弟,虽然愚钝但人品好,却没考虑到现在还是敏感时期,还有孟氏的采邑成邑的城墙没有拆掉呢!实际上成邑的城墙最终也没能拆掉,而且孔子的另外一位名叫公伯寮的弟子还在季氏那里说子路的坏话,以至于子路被季氏辞退了。

公伯寮在季孙那里诋毁子路。子服景伯将这件事情告诉了孔子,并说:"季孙算是已经被公伯寮给迷惑了。可我还是清醒的嘛,还有能力让公伯寮这厮陈尸街头!"孔子说:"大道将行,乃属天命;大道将废,乃属天命。公伯寮能对天命怎样呢!"孔子没有指责公伯寮,只是将这一切归于天命,认为公伯寮不可能改变天命。想必子路找公伯寮理论过,既然各种典籍未曾记载,笔者也不好妄加猜测。

孔子周游列国期间,又被和公山弗扰一样性质的佛肸召请。孔子又想前往。子路说:"我曾经听老师说过:'亲自干坏事的人那里,君子是不会去的。'如今佛肸盘踞中牟造反(反叛范中行),您却要去,这又怎么说呢?"孔子说:"对,我是说过这话。但是,不是说最坚硬的东西,磨是磨不薄吗?不是说最白的东西,染是染不黑吗?再者说了,我难道是那苦味的匏瓜吗?怎么可以只是被悬挂在那里而不拿去给人吃呢?"孔子的意思还是先得有所作为,一来说明自己不会"近朱者赤,近墨者黑",二来暗示只要自己去了,就可以改变佛肸。但子路明显还考虑不到这一层,只会拘泥于孔子曾经讲过的"亲于其身为不善者,君子不入也"。

因此孔子即便是在不得已的情况下见了卫灵公的夫人南子,子路也极其生气。以至于孔子对天赌咒发誓:"我若是有不当之处,老天唾弃我吧!老天唾弃我吧!"

子路哪里知道孔子的隐忍和努力。

甚至当孔子一行在陈国断绝了粮食,随行弟子也都饿病了,爬不起来的时候,子路对老师孔子追求的大道,多少还有所怀疑。子路很生气地来见孔子,说:"君子也有走投无路的时候吗?"孔子说:"君子固然有走投无路的时候,换作小人,就会乱来了。"

以上种种均说明子路还不够成熟,远未达到孔子评价自己的"无可无不可",也就是我们今天所说的秉持中和思想、中庸之道。

另据《孔子家语·曲礼》记载，周礼规定，父母去世，孝子守孝三年。鲁国有个人在守孝结束的当天就开始在家里搞娱乐活动了。子路嘲笑道："这人太不像话了，父母丧期刚刚结束就开始唱歌了。他这都急成什么样了啊！"孔子严肃地指正子路说："由啊，你不能对人太苛刻了！三年之丧，他已经够苦了，能够在守丧期间做到完全遵循礼仪，就已经很不容易了。现在服丧期满，唱唱歌，又有什么不可的呢？"子路知道礼的重要性，认为凡是不符合礼的都要批评。孔子却懂得变通：遵循礼，但不拘泥于礼，而是能做到时中。

这个阶段以前的子路自然也就不能理解管仲了。子路说："齐桓公杀了自己的兄弟公子纠，公子纠的老师召忽为之自杀，另一个老师管仲却继续活着。管仲还没有达到仁吧？"孔子说："桓公多次主持诸侯和平会盟，并未依仗兵车武力，而这一切都是管仲一力促成的。"子路只看到管仲没有像召忽那样，为自己的主公公子纠而死，反而做了自己的仇人齐桓公的臣子。孔子却能看到管仲舍小义而取大义，认为管仲这样，也就够得上仁了。

孔子对子路的理解比子路自己还要深刻，但是子路往往不能很好地理解孔子。因此当楚国的叶公问子路，他的老师孔子这个人怎样的时候，子路没有回答。于是孔子对子路说："由啊，你干吗不说，他这个人用起功来甚至忘掉吃饭，内心快乐得忘掉了忧愁，竟不知道衰老悄然而至。如此而已。"

也因为子路对老师孔子理解不够深刻，才会在孔子生病以后，两次好心好意却办了令孔子很不满意的事情。

孔子病情严重，子路请求为之祈祷。孔子说："有依据吗？"子路答道："有的。《诔文》上说：'为你向天神地祇祈祷。'"孔子说："我早就祈祷过了。"子路又安排孔子的弟子成立治丧委员会。孔子病情好转，得知此事以后说："仲由干这种骗人的勾当，想必很久了吧！我本不该有治丧委员会的，却一定要为我成立治丧委员会。我骗谁呢？骗上天吗？再者说，我与其死在治丧之人手里，还不如死在你们这些弟子手里！就算我不能得以风光大葬，难道我会死在路边上吗？"

孔子周游列国结束，回到鲁国以后，子路差不多已经60岁了，但还是会受到孔子的批评和教育。

子路和冉求一起为季康子做事，季氏将要攻打鲁国的附属小国颛臾国。

冉有、子路师兄弟两个去见老师孔子，说："季氏要对颛臾下手了。"孔子说："冉求，难道你就没有错，不该责备你吗？那颛臾，先王授权他主持东蒙山的祭祀工作，而且它就在鲁国境内，好比是和鲁国荣辱与共的重臣。为何攻打它呢？"冉有说："是季孙他老人家想那样干，我们两个做臣子的都不想的。"

孔子说："冉求！周任（古代史官）曾经说过：'既然在位上就当尽职尽责，如若不能就应该辞职让位。'明知主人危险，却不加以保护，明知主人要摔跟头，却不去搀扶，那还要你们这些臣子干什么呢？并且你说的话本来就有问题，老虎和犀牛逃出笼子，龟壳和美玉烂在匣中，到底是谁的过错呢？"

孔子这番话既是讲给冉求的，也是讲给子路的。想必子路真的听进去了，几年以后在处理自己的主人孔悝被劫持那件事情上，就完全是按照孔子这里所讲去做的，只不过代价是为此献出了自己的生命。

大体上讲，孔子在鲁国从政期间，子路曾在季桓子家做管家，协助孔子堕都。孔子周游列国，子路始终追随左右，没少惹孔子生气，也没少受孔子批评，也没少让孔子操心。孔子重回鲁国以前，子路曾担任隶属于卫国的蒲这个地方的行政长官。孔子回到鲁国以后，子路和冉求一起为季桓子的儿子季康子做事，最后死于卫国的内乱。

根据《史记·仲尼弟子列传》所记，卫灵公有个夫人叫南子，比卫灵公年轻很多。这名叫南子的女子名声很不好。

卫灵公的太子蒯聩羞于被人嘲笑想杀掉她，事没办成，蒯聩怕被他父亲灵公问罪诛杀，于是逃到了宋国。卫灵公死后，蒯聩的儿子辄做了国君，这就是卫出公。出公继位十二年，他的父亲蒯聩一直流亡在外，没能回到卫国。子路担任卫国大夫孔悝采邑的行政长官。孔悝的母亲，是前太子蒯聩的姐姐，也就是卫出公辄的亲姑妈，逃亡在外的前太子蒯聩混入卫国，勾结孔悝的母亲劫持孔悝作乱，袭击儿子卫出公辄。卫出公逃往鲁国。蒯聩入宫即位，这就是卫庄公。

蒯聩劫持孔悝作乱之时，子路在外地，听到消息后立忙往回赶，正巧碰到孔子认为有些愚笨的同门师弟高柴从卫国的城门出来。高柴对子路说："国君辄已经逃走了。城门也已经关闭了。你回去吧，免得白白卷入这场灾难中。"子路说："我既然接受了人家的俸禄，就不能躲开人家的灾难。"高柴未能说动子路，于是一个人回到了鲁国。当时正巧有人进城，城门打开了，子路于是跟了进去。子路来到孔悝处，蒯聩劫持孔悝登上了楼台。子路便对蒯聩说："你干吗任用孔悝呢？让我把他杀了吧！"子路嘴上说杀了孔悝，实际上是采取权宜之计，希望能够救下孔悝，并且阻止蒯聩发动政变。没想到蒯聩根本不听，子路于是准备放火焚烧楼台。蒯聩感到了恐惧，就让石乞、壶黡下来攻打子路，砍伤了子路，并且砍断了帽带。子路放弃了迎击，凛然地说："君子即便死了，帽子也不能掉落。"于是，子路在系帽带的时候被敌人乱刀砍死了。

　　子路在生命的最后一刻舍生取义、杀身成仁，通过临死前捍卫君子人格这一行为，完成了升堂入室的最后一步。

39　阿赐贵姓

子贡，复姓端木，名赐，字子贡，卫国人，生于公元前520年，比孔子小31岁，是孔门弟子中最为出类拔萃的人物。

子贡能言善辩，机敏过人，并且好学深思，具有远见卓识，深受孔子、同门师兄弟及同时代人的赏识。子贡还是一名闻名于古今的商人，被称为儒商之鼻祖，也是一名杰出的外交家、军事家和社会活动家，还是第一位以商人和谋士双重身份被写进正史《史记》的人。

孔子死后，子贡为捍卫孔子的光辉形象、传扬孔子的伟大学说做出了极大的贡献，在中国文化史上占有重要地位。

子贡和同样口齿伶俐的宰予同属孔门"四科十哲"中的言语科。该科中人最大的特点就是能言善辩，想必这就为司马迁撰写《史记·仲尼弟子列传》时，认定子贡保存了鲁国、搞乱了齐国、灭掉了吴国、强大了晋国，并且使越国得以称霸，乃至结束了春秋时代，让历史从此进入战国，提供了采信的基础。

司马迁在《史记·仲尼弟子列传》写道："子贡利口巧辞，孔子常黜其辩。"就因为子贡口齿伶俐，孔子经常批驳子贡的狡辩。其实口齿伶俐和狡辩并没有直接关系，口齿伶俐的人不一定爱狡辩，而狡辩之人也不一定就口齿伶俐。在子贡身上，口齿伶俐更多时候表现为口才好、会说话、善应变，并且言语之间体现出对答之智。

子禽问子贡说："你们老师孔子每到一个国家，必定会了解该国的政事详情，是他打听来的？还是别人主动告诉他的？"子贡说："老师靠温和、善良、严肃、节俭、谦逊五种品质获得的。大概老师获得的方法跟别人不一样吧！"子贡没有做选择题，而是借此肯定了孔子的五种优良品质。

卫国的公孙朝问子贡说："你们老师孔子的学问是从哪儿学来的呢？"子

贡说:"周文王、周武王之道并没有完全丢失,尚在人间流传。只不过贤人认识并且掌握大的方面,不贤的人认识、抓取细枝末节。文武之道无处不在。我们老师哪里不可以学习呢?干吗非得要有一个固定不变的老师呢?"我们今天说学无常师,源头就在于此。这和孔子所说的"见贤思齐""三人行,必有我师焉"实则一脉相承。

季康子问:"端木赐可以让他从政吗?"孔子说:"端木赐通情达理,让他从政有什么难的呢?"因此口齿伶俐在子贡身上还表现为通达的一面,说明子贡特别适合从政。实际上子贡的确适合从政,先后担任过鲁国和卫国的丞相,算是孔子弟子中做官最大的了。

子贡想要知道老师的心思,便试探性地问孔子说:"这里有一块美玉,我是把它放在匣子里藏起来呢?还是寻个好价钱卖掉呢?"孔子说:"卖了吧!卖了吧!我在等着买主呢!"于是,子贡便知道了老师孔子的心思以及毕生宏愿,希望被赏识、重用,从而得以施展才华,实现远大理想——恢复周礼,使全人类幸福地生活在礼乐之中。子贡既知老师的宏愿,遂穷毕生之力帮助老师。孔子周游列国,子贡始终伴随左右,并提供了大量经费。每每遇到复杂问题,也总是由子贡出面化解。

因此,孔子众多弟子中,若论人物形象,子贡最为立体、饱满。性格方面,子贡乖巧、率真,也希望得到老师的认可和肯定。

子贡问:"老师,你觉得我阿赐怎么样?"孔子说:"你呀,器物而已。"子贡问:"什么器物?"孔子说:"宗庙里祭祀用来盛黍稷的瑚琏。"用今天的话来说,瑚琏就是饭桶,当然不是一般的饭桶,是高级饭桶。言下之意,子贡的品质很不一般,乃是可造之材。孔子说过:"君子不应该像器物一样只有特定的用途。"这里说子贡是"器"有批评的意味,有敲打的意思,更多的却是启迪,帮助他认清自己所处的状态、达到的水准。

孔子问:"你和颜回哪个强些?"子贡答:"我端木赐哪里能够和颜回相比呀!他颜回听懂一个道理,就能领悟出十个相关的道理;我端木赐听懂一个道理,顶多只能领悟出两个相关的道理。"孔子说:"你不如他;我和你都不如他呀!"子贡认为自己不如颜回,体现出子贡的乖巧;孔子也同意子贡不如颜回,则体现出孔子偏爱颜回。真是这样吗?若论刻苦自励、好学深思,子贡或许赶不上颜回；但论聪明才智，为人处世，子贡要甩颜回恐怕不止十条街吧！

子贡说："没钱的时候不巴结奉承，有钱的时候不骄傲自大，怎么样呢？"孔子说："已经很好了；然而比不上没钱但很快乐，有钱也好礼节。"子贡说："《诗经》上说：'要像对待骨、角、象牙、玉石一样，先切开，再锉平，再雕刻，再磨光。'是这个意思吗？"孔子说："好阿赐呀，我现在终于可以跟你谈诗了：告诉你一件事情，你能类比联想到其他事情。"如此聪明伶俐、反应灵敏、懂得迁移的子贡，岂是颜回能够相比的？

孔子曾说："颜回的学问道德可以了吧，可是经常既没钱财又没法子；端木赐不接受命运的安排，独自经商（财富越积越多），猜测行情往往一猜一个准。"为什么会这样呢？大抵颜回的聪明才智仅限于纸上谈兵，而子贡的聪明才智属于真枪实弹。

子贡说："我不愿他人强加给我的事，我也不愿强加给他人。"孔子说："阿赐，这不是你能够办得到的。"这次谈话大概是在子贡入门不久，子贡极力彰显自己的主张。但在孔子看来，己所不欲勿施于人，想要做到并不容易，至少现在子贡还做不到。

人无完人，金无足赤。子贡有个特点，老喜欢拿自己的长处跟别人短处相比，为此孔子就曾批评他说："你端木赐真就的比别人强吗？换作是我，就没那闲工夫。"

子贡不但爱拿自己的长处跟别人的短处相比，还喜欢将同门师兄弟进行比较。子贡问："颛孙师（子张）跟卜商（子夏）相比，哪个强一些？"孔子说："师过头了，商没达到。"子贡说："如此说来师强一些了？"孔子说："过头了和没达到一样。"我们今天说的"过犹不及"一词，就出自这里孔子回答子贡的话。子贡从而知道了自己属于"过"的一类人，同时懂得了"过"和"不及"同样不好。

比较了同门师兄弟，子贡还要比已经作古的人。子贡说："管仲算不上仁人吧？桓公杀了他的主子公子纠，他不但没有（像公子纠的另外一位辅佐之臣召忽那样）为主子去死，反倒辅佐起桓公来。"孔子说："管仲辅佐桓公称霸诸侯，使得天下的一切得到了匡正，人民直到今天依然受到他的好处。要是没有管仲，恐怕我们都会披头散发，穿着衣襟向左边开的衣服而沦为野蛮部族了。难道他非得像普通百姓那样坚守小信，自缢于沟渎之中而不被人知道吗？"子贡在讲这番话之前，或许以为孔子会肯定他见解高明、深刻，没想到孔子对此的看法完全相反，从而暴露出他认知粗浅和不够成熟。

只要努力学习，假以时日，粗浅可以变得深刻，不够成熟也可以变得成熟。从不人云亦云的子贡跟随孔子时间一长，也就成熟起来，看问题也越发通透了。棘子成说："君子有美的本质就好了，要那些文采干什么？"子贡说："真可惜啊，先生竟然如此评价君子！（须知）一言既出，驷马难追。文采的重要性，同比本质的重要性，本质的重要性，同比文采的重要性。拔光了毛（文采）的虎皮豹皮（本质）和犬皮羊皮一个样子，难以区分。"子贡的这一思想实则源于孔子，但他却用实例进行了演绎。孔子曾说："质胜文则野，文胜质则史。文质彬彬，然后君子。"这也就是说，质朴有余，但文采不足，就会显得粗野；文采有余，质朴不足，又会显得虚浮。只有文采和质朴相得益彰，才算得上是个君子。

子贡曾说："商纣虽然不好，但也并不像传说中的那样过分。所以君子讨厌处于不利地位，否则什么罪恶都将推到他身上了。"在传统史学叙述中，商纣王沉湎酒色、穷兵黩武、重刑厚敛、拒谏饰非，最终导致众叛亲离，身死国灭，是历史上典型的暴君。子贡却有不同的看法，认为商纣王因为处于历史不利地位，才导致有人将一切罪恶都推到他身上。这既需有见识，也需有勇气，否则不可能讲出这样的话来。

子贡还曾说过："君子犯的错误，就好比日食月食：犯了错误，每个人都能看到；改正之后，人人又都敬仰。"言下之意，小人犯错就会想方设法地加以掩饰，也就谈不上改过自新。

子贡逐渐变得成熟来，一方面得益于他的好学深思，另一方面也得益于他在学习过程中始终秉承打破砂锅问到底的精神。

子贡请教如何搞好政治。孔子说："充足粮食，充足军备，取信于民。"子贡说："在迫不得已的情况下一定要去掉一项，这三项中先去掉哪一项？"孔子说："去掉军备。"子贡说："在迫不得已的情况下一定要再去掉一项，剩下两项中先去掉哪一项？"孔子说："去掉粮食。原因很简单：从古至今，人人都免不了一死；但如果人民都不讲诚信，也就无法立身处世。"

又有一次，子贡问做到怎样才配叫士。孔子说："个人的一切行为具有廉耻之心，出使外国，不辱负君主的使命，就配叫士了。"子贡说："请问差一等的。"孔子说："同族之人个个称赞他孝敬父母，邻里乡亲个个称赞他敬重兄长、友爱弟弟。"子贡说："请问再差一等的。"孔子说："一诺千金，行事果决，不过是不问是非黑白、盲目行事的小人啊！当然也可算是再差一等的士了。"子贡说："现在而今眼目下的当权派怎样呢？"孔子说："咳！——此等气量狭窄、见识浅薄之徒，算得了什么？"

子贡就在自己问老师答的过程中不断学习，不断思考，不断领悟，通过生活实例加以引发和实践，最终成为孔子最优秀的弟子。

《论语》是由孔子后学整理编纂而成的，通行本全书512章，与子贡相关的就有38章，仅次于子路的41章。《论语》中记录弟子次数的多少，一方面反映该弟子在孔门的地位和影响，另一方面也反映该弟子与孔子私人关系的深浅。很显然，子贡是孔子最亲近的弟子之一。尤其是在孔子晚年，随着亲生儿子孔鲤、最得意的弟子颜回以及最亲近的弟子子路先后离开人世，子贡可谓是孔子唯一的精神支柱。

孔子生病以后，子贡前来看望。孔子正拄着拐杖在门外散心，一见到子贡就说："端木赐啊，你怎么才来啊？"随即感慨地唱道，"泰山崩塌了！梁柱折断了！哲人枯萎了！"随着歌声，孔子的眼泪流了下来。接着又对子贡说："天下无道已经很久了，可没有一个人尊重我的主张。夏朝人死后，灵柩停放在东面的台阶上；周朝人死后，灵柩停放在西面的台阶上；殷朝人死后，灵柩停放在正堂的两根柱子中间。昨晚我梦见自己坐在正堂的两根柱子中间享受祭典。我原本就是殷商的后代呀！"七天以后，孔子就死了。孔子死后，埋在了鲁国都城北面的泗水旁边，弟子们都在那里为他守孝三年，唯独子贡守孝六年。三年守孝完毕，大家就都各自回去了，子贡却在坟墓旁边搭了一个草棚，又在那里生活了三年才离去，从此离开鲁国，回到了卫国，做了卫国的丞相。

显然子贡成绩突出，政绩斐然，无论是在鲁国，还是在卫国，都有人认为子贡的水平甚至在孔子之上。当然，也有些人明显是在挑拨离间。然而面对这些人的抬举甚或挑拨离间，子贡却显得非常冷静，时刻不忘努力维护老师的伟大形象，捍卫老师的崇高地位。太宰问子贡问说："你们的老师是圣人吗？他怎么就那么多才多艺呢？"子贡说："上天本来就让我们的老师成为圣人，又让他多才多艺。"孔子听到以后，说："太宰真的了解我吗？我小时候也过着低贱的生活，因此才学会了不少粗鄙的手艺。君子会有这么多手艺吗？不会有这么多的。"

太宰，官名，掌管国君宫廷事务。从太宰的问话来看，他仅仅只是有这么个疑问。子贡却很认真、谨慎地对待，认为孔子成为圣人乃是上天安排，并非后天人力所为。

叔孙武叔在朝堂上对众官员说："子贡比他的老师仲尼更有水平。"子服景伯将其告知子贡。子贡说："就好比宫室外的围墙，我家的围墙只有一般人的肩膀高，人人都可以窥见房屋有多好；老师家的围墙高达数丈，如果找不到大门进入院内，根本看不到祭祀宗庙的雄伟华美、百官之家的富丽堂皇。能够找着大门进入的人，本来就很少吧。因此，叔孙武叔这样讲不也很正常嘛！"叔孙武叔，鲁国大夫，名州仇，谥武，也是三桓的后代。孔子堕三都（堕毁三桓私邑郈、费、郕），首先堕掉的就是他们家的采邑郈地的城墙。根据对话，这件事情很可能发生在孔子担任鲁国大司寇期间。叔孙武叔这样讲明显是在挑拨离间，企图毁坏孔子的名声。言下之意，孔子这人并不咋样，还不如他弟子呢。子贡当时或许24岁上下，但却已经体现出其聪明才智。他未直接否定，而是通过打比方的形式，捍卫了老师的崇高和尊严，同时讽刺了叔孙武叔的浅薄无知。

或许叔孙武叔见在朝堂上这样讲没什么效果，并未影响到孔子，于是便在各种场合毁谤起孔子来。根据《论语》所记，叔孙武叔毁谤仲尼。子贡说："不要这样子干嘛！须知仲尼是毁谤不了的呀。打个不恰当的比方，一般人的贤能，好比丘陵，还可跨越；我们老师仲尼，那就好比日月，根本没有办法超越。一个人纵然想要自绝于日月，可他这样做，又能对日月有什么损伤呢？最多表示他不自量力罢了。"子贡这样回答，一方面说明孔子真伟大，另一方面也说明子贡尊师重道。

陈子禽对子贡说："您太谦虚了，仲尼难道真的比你强吗？"子贡说："君子一句话就表现其智慧，一句话就表现其无知，讲话不得不慎重。老师的高不可攀，好比天不能通过梯子爬上去。老师若获得诸侯或者大夫之位，就会做到我们说的那样：一旦教民立，就一定能使人民立足社会；一有所引导，就一定能使万民跟着前进；一有所安抚，就一定能使外人前来归附；一有所动员，就一定能使老百姓齐声响应。他老人家活得很光荣，死得很悲哀。我怎么赶得上他呢？"陈子禽，姓陈，名亢，字子禽，应当是子贡的学生。陈子禽也认为自己的老师子贡比师爷孔子强，老师子贡只是谦虚罢了。子贡告诉陈子禽这样讲话显得无知，不够智慧，同时告知他孔子到底有多伟大。

但有意思的是，子贡总能精准地理解孔子的精神境界、道德高度和思想主张，却往往不能理解孔子的心思。

子贡打算省掉每月初一告祭祖庙的活羊。孔子说："阿赐！你爱惜那只羊，可我爱惜那种礼。"

子贡说："老师关于文献典籍的学问，我还能够听得明；关于命运和天道的言论，我就听不大懂了。"

孔子说："君子之道，有三个方面我都没能够做到：成为仁者不忧不虑，成为智者不会迷惑，成为勇者无所畏惧。"子贡说："老师称道他自己而已。"

孔子说："没有人了解我啊！"子贡道："为什么（没有人了解你）呢？"孔子说："不埋怨天，不怪罪人，学习粗浅知识但却能够领悟高深道理。了解我的恐怕只有天吧！"

孔子说："阿赐，你以为我是学得多、记得牢吗？"子贡说："对呀，难道不是吗？"孔子说："当然不是，我用一个中心思想把它统领起来。"

孔子说："我不想再讲什么了。"子贡说："您老人家若不再讲了，那我们传述什么呢？"孔子说："天讲了什么了？四季运行，万物生长，天讲了什么了？"

以上对话并非出自一时一地，但是大都暴露出子贡并不了解老师孔子的心思，如子贡爱惜羊，而孔子爱惜礼。

不了解孔子心思的子贡因此甚少问及生活中的小事情，总是问一些大问题。

子贡问怎样做君子。孔子说："不管三七二十一，干了再说。"子贡问：

"君子也有所憎恶吗?"孔子说:"有的:君子憎恶搬弄是非,专讲他人坏话的人;憎恶身居下位,老爱诋毁上级的人;憎恶勇敢无敌,可却不懂礼仪的人;憎恶果决专断,但是顽固不化的人。阿赐你也有所憎恶吗?"子贡说:"我憎恶专事剽窃却冒称聪明的人;憎恶不懂谦虚却冒称勇敢的人;憎恶揭人隐私却冒称直率的人。"

子贡请教如何培养仁德。孔子说:"工匠要是想干活利索,就得先磨快工具。住在一个国家,就要侍奉大官中的贤人,结交士人中的仁人。"子贡说:"如果能够广泛地帮助百姓、周济大众,这种人怎么样?可以说够得上仁吗?"孔子说:"何止够得上仁呢!一定要讲的话,已然超凡入圣!就算尧舜也难做到!所谓仁者,就是自己想要站稳脚跟,也要让别人站稳脚跟,自己想要万事通达,也要让别人万事通达。能够将心比心、推己及人,可以说是践行仁道的方法了。"子贡问:"有一个字可以终身奉行的吗?"孔子说:"就是'恕'吧!自己不喜欢的,万不可强加给别人。"

子贡请教交友之道。孔子说:"忠言相告,并且善加引导,不听拉倒,切忌自取其辱。"子贡问:"如果一乡的人都喜欢他,这个人怎么样?"孔子说:"还不能确定这个人就是好人。"子贡问:"如果一乡的人都厌恶他,这个人怎么样?"孔子说:"还不能确定这个人就是坏人。须得是一乡的好人都喜欢他,一乡的坏人都讨厌他,才能确定他是一个好人。"

子贡问:"孔文子凭什么死后得到'文'这个谥号?"孔子说:"此人聪明勤勉,又肯学习,还不以向比他地位低、学问少、年龄小的人请教为耻,因此送他'文'字。"

以上对话《论语》里面均有记载,同样并非出自一时一地。稍加分析,便可知道子贡问的都是大问题,例如怎样培养仁德,怎样成为君子,怎样判断一个人,等等。

问大问题的子贡也常常解决一些大问题。冉有问子贡:"你觉得我们老师会帮助卫君吗?"子贡说:"好吧;我去问问再告诉你。"子贡走进孔子房间,说:"伯夷和叔齐属于哪种人?"孔子说:"古时候的贤人啊。"子贡说:"他俩兄弟(互相推让,都不肯做孤竹国的国君,双双逃到了国外)抱怨后悔过吗?"孔子说:"他们一心求仁并且得到了仁,有什么好抱怨后悔的呢?"子贡出来以后，告诉冉有："老师不会帮助卫君。"冉有原本可以直接去问孔子，或者像子贡那样巧妙地获得答案，但他却是通过子贡才知道答案的。类似这种帮助同门师兄弟解答疑惑的事情，《孔子家语》中多有记载。

另据《史记·孔子世家》记载，孔子一行受困于陈蔡之间，也是子贡前往楚国将具体情况报告给楚王，楚昭王派兵迎接孔子，孔子师徒一行才摆脱了困境。

又据《左传》记载，鲁哀公七年，吴国人要求进献牛、羊、猪各一百头，子服景伯以礼的名义未能抵挡威胁而如数进献了。吴国太宰伯嚭召见季康子，季康子派子贡拒绝，子贡不辱使命，成功拒之。鲁哀公十二年，吴王派太宰伯嚭请求重温旧盟，哀公不愿意参加，于是派子贡前往拒绝且成功拒之。同年秋天，吴国召集卫国参加会见，卫出公拒绝与吴国结盟，吴国人于是围住了卫出公，又是子贡据理力争，成功解围。

到了《史记·仲尼弟子列传》中，司马迁笔下的子贡完全变成了历史上最伟大的纵横家。大意是说，孔子还在卫国的时候，田常想在齐国专权，于是派兵攻打鲁国。孔子安排子贡前往鲁国解围。子贡直接去了齐国，见了田常，说服田常不打弱爆了的鲁国而打骄横强大的吴国。接着子贡去了吴国，说服吴国攻打齐国，承诺帮助吴国解决越国在背后捅刀子的后顾之忧。于是，子贡又去了越国，说服越国跟着吴国一起打齐国，并指点越国做好报仇雪恨的准备。子贡给越王勾践分析说：吴国打败了，对越国有利；吴国打赢了，势必北上攻打晋国，并且绝不可能打赢，这样也对越国有利。接着子贡又从越国去了晋国，告知晋国早做准备，等待吴国来攻。结果是吴国打败了齐国，立马北上攻打晋国，而晋国因为子贡的告诫早有准备，打败了吴国。越国趁机消灭了吴国。鲁国暂时得以保存。

因此，司马迁认为："故子贡一出，存鲁，乱齐，破吴，强晋而霸越。子贡一使，使势相破，十年之中，五国各有变。"然而苏辙在其《古史》中说："齐之伐鲁，本于悼公之怒季姬，而非陈恒（田常）；吴之伐齐，本怒悼公之反复，而非子贡；吴齐之战，陈乞（又名田乞，田常的父亲）犹在，而恒（田常）未任事，所记皆非。盖战国说客设为子贡之辞，以自托于孔氏，而太史公（司马迁）信之耳。"郭嵩焘在其《史记札记》中说："史公乃取游说之辞附之子贡，与《左传》抵牾，此皆好奇之过也。"梁玉绳在其《史记志疑》中说："子贡说齐、晋、吴、越一节，《家语·屈节》《越绝·陈恒传》《吴越春秋·夫差内传》并载之，昔贤历辨其谬。"

可见《史记·仲尼弟子列传》所记子贡出使部分实不足信，但说"子贡好废举，与时转货赀。喜扬人之美，不能匿人之过。常相鲁卫，家累千金，卒终于齐"，亦即是说子贡喜好经营商业，根据时机转手货物；子贡喜欢表彰他人的美德，但却不能包容他人的错误；子贡曾经做过鲁国和卫国的宰相，家财万贯，最后死在齐国。这却是可信的。

又据《史记·货殖列传》所记："子贡跟着孔子学成以后，回来在卫国做官。子贡囤积货物，在曹国、鲁国之间做买卖。孔子的七十多个著名弟子中，就数子贡最有钱。子贡时常高车大马前呼后拥地出入各国诸侯的门庭，每到一个国家，那些诸侯都把他奉为上宾。至于说孔子为什么能够名扬天下呢？这都是子贡给他活动的结果。"这也是可信的。

第六篇 圣门高徒

40　贤哉回也

　　颜回，鲁国人，姓颜，名回，字子渊，又称颜渊，和他父亲颜无繇（yóu，字路，又称颜路）同为孔子的弟子。

　　依照司马迁在《史记·仲尼弟子列传》中说，颜回比孔子小 30 岁，以德行著称，属于孔门"四科十哲"的德行科，并且排在首位。又说颜回 29 岁时，头发就全变白了，最终英年早逝。但司马迁并未写明颜回到底是哪一年死的。

　　《孔子家语》中说："颜回年二十九而发白，三十二而早死。"同样是说颜回 29 岁时头发就白了，但是明确说明 32 岁就死了。时年孔子 62 岁。但是清朝考据家梁玉绳遵从前辈考据家阎若璩之说，认为颜回死于鲁哀公十二年，即公元前 483 年。时年孔子 69 岁。如此，颜回活了 39 岁。

　　晚清官员、湘军创建者之一、中国首位驻外使节郭嵩焘说："孔子十九岁的时候，就有了儿子伯鱼（孔鲤，字伯鱼），伯鱼五十岁的时候就死了，当时孔子已经六十九岁。颜回比孔鲤死得还要晚，所以说颜回死的时候差不多四十岁。"当代国学大师钱穆认为颜回死于鲁哀公十四年，即公元前 481 年。时年孔子 71 岁。如此，颜回活了 41 岁。

　　蒋建侯却认为颜回死于鲁哀公二年，即公元前 493 年。时年孔子 59 岁。如此，颜回只活了 29 岁。笔者同意郭嵩焘和钱穆的讲的，颜回死的时候，差不多四十岁了。

　　《史记·孔子世家》载，孔子到蔡国（原来的蔡地，现归楚国）的第三年，吴国出兵攻打陈国。孔子师徒受到牵连，被困在陈国和蔡地之间的一片荒郊野地当中，想走又走不了，带的干粮也都吃光了，弟子们饿得一个个躺在地上爬不起来了，然而孔子还在那里讲诗书，读文章，弹琴唱歌。

　　子路很生气，于是走过来对孔子说："君子难道也有走投无路的时候吗？"

子路明显说的是气话，对孔子的思想主张明显暴露出一丝怀疑。孔子说："君子固然也会有走投无路的时候，但是君子在困窘的时候，却依然能够坚守节操；要是换作小人，那就会乱来了。"

旁边子贡也是一脸的不高兴。孔子说："阿赐，你以为我是学得多并且记得牢吗？"子贡说："对呀，难道不是吗？"孔子说："当然不是啦，我用一个中心思想把它统领起来。"孔子知道弟子们都有怨气，于是把子路叫过来问他："《诗经·小雅·何草不黄》里面有那么两句，说是'既不是犀牛，又不是老虎，却整天在原野上东奔西跑'。难道是我追求的理想不对吗？我为什么会落到这步田地呢？"子路便说："也许是我们还没有达到你所说的仁的地步，还算不上仁者，所以人们对我们还不够信任；又或者是我们的聪明智慧还不够，因此我们主张的仁道才不能流行开去。"孔子说："哪有你说的这种道理呀！要是一个人但凡达到仁的标准就能被人信任，伯夷和叔齐还会饿死在首阳山吗？要是一个人足够聪明智慧就能让仁道流行开去，王子比干还会被破腹挖心吗？"

子路离去以后，子贡又走了过来。孔子问了同样的问题。子贡说："这是因为您的理想实在太高尚太伟大了，因此天下才无法容纳您。老师您难道就不能将标准适当降低一点吗？"孔子说："阿赐，最棒的农民能保证把地种好，但不能保证一定获得丰收；最好的匠人能保证把东西做得精美，但不能保证购买的人一定就会满意。君子能够做到尽力使自己的理想渐趋完善，有条有理，并且一以贯之，但不能保证一定被人接受。现如今，你不是尽心竭力地去修炼自己，提升自己，而是一心想着获得认同，被人接纳。阿赐，你的志向可不够远大啊！"

子贡离去以后，颜回又进去了。孔子再次问了同样的问题。颜回说："老师您的理想实在太伟大了，因此才使得哪里都难以容纳！即便如此，老师您依然没有放弃，依然坚持不懈地推行仁道。不被容纳又算得了什么呢？不被容纳才更显示出老师您作为君子的伟大之处！一个人的理想和主张不够完美，那是自己的耻辱；但要是理想和主张完美而仅仅不被容纳，便是那些有权有势高高在上的当权者们的耻辱了。不被容纳又算得了什么呢？不被容纳才更显示出老师您作为君子的伟大之处！"听了颜回的话，孔子欣然而笑说："真

210

有你的，颜家小子！你要是个大富翁，我就去给你当管家。"后来孔子派子贡去向楚昭王求救，一行人才得以摆脱困境。

这件事情发生在鲁哀公六年，即公元前489年。时年孔子63岁。由此可知，颜回33岁的时候还活得好好的。

其实只需细读《论语》，就可知道颜回死的时候至少40岁了。颜回死了，他的父亲颜无繇恳请孔子卖掉马车为颜回置办外椁。孔子说："不管咱们的儿子有没有才，你的儿子是儿子，我的儿子也是儿子呀。我的儿子孔鲤死了，也只有内棺而没有外椁。我不能卖掉马车徒步行走来为颜回买椁，因为我是做过大夫的人，不能不顾身份而徒步行走的。"这里明确说明了颜回死在孔子的儿子孔鲤之后。孔鲤死的时候，孔子69岁。因此颜回死的时候孔子至少70岁，因此颜回当在40岁上死的。所以说郭嵩焘的说法以及钱穆的观点较为确切。除非《史记·仲尼弟子列传》所记颜回生年有误。如果说颜回比孔子小30岁可以确定，那么颜回生于鲁昭公二十一年，即公元前521年也就可以确定。

鲁哀公问："你的弟子中谁最好学？"孔子答道："有个叫颜回的弟子非常好学，从不拿人撒气，从不会犯同样的过失。不幸短命死了。现在没有这样的弟子了，我没有听过好学的人了。"

季康子问："你的那些弟子中谁喜欢学习？"孔子答道："有一个姓颜名回的喜欢学习。不幸的是夭折死了。现在这批弟子中没有像颜回那样好学的了。"

可见颜回是真的爱学习，并且能够不断地学习。不管生活多么困苦，依然乐在其中。孔子说："颜回这孩子，他的心神可以长期坚守在仁德上面，而其他弟子都只能在短时间内保持。"又说："多么有修养啊，颜回！一竹篮饭，一瓢瓢水，住在穷巷子里，别人都忍受不了那般凄苦，颜回却自得其乐。多么有修养啊，颜回！"又说："讲给他什么都认真对待的人，也就颜回了吧！"

颜回不但好学，而且非常聪明，脑瓜子特别灵活。孔子就曾说："我跟颜回从早谈到晚，他竟一句反对的话也没有，像个蠢蛋。然而等他回家自己研究，却能有所发挥，可见颜回一点儿也不蠢。"

孔子自己认为颜回聪明还嫌不够，还要让其他弟子也认可他的看法。孔子问子贡："你和颜回哪个强些？"子贡回答："我哪能和颜回比呀？他颜回听懂一个道理就能领悟出十个相关道理，我端木赐听懂一个道理顶多只能领悟出两个相关道理。"孔子笑着说："对！对！对！你不如他；我和你都不如他呢！"

　　想必正因为颜回好学又聪明，孔子对他寄予厚望，希望将来继承自己的衣钵，将自己的思想发扬光大，所以颜回死后才那样伤心，哭喊着说这是老天要他的命！孔子哭得特别伤心。伴随左右的弟子说："您老过于伤心了！"孔子说："过于伤心吗？我不为这种人伤心，我为谁伤心呢！"

　　孔子的弟子们打算厚葬颜回。孔子却说："不可厚葬。"孔门弟子仍然厚葬了他。孔子无助地说："回呀，你把我当父亲看待，我却不能把你当儿子看待。厚葬你不是我的主意呀，是你那些不懂礼的同学呀！"孔子为什么不主张厚葬颜回呢？一来因为颜回家里实在太穷了，从颜回的父亲颜无繇请求孔子卖了马车替颜回置办套在棺材外面的椁足可说明。二来因为身份问题，按照当时的封建等级制度，人分三六九等，颜回连士人都算不上，尚属小人、野人范畴，只在孔子的人品体系中属于君子，也就是说颜回只是道德君子，根本算不上身份君子。三来孔子更为重视活人，子路请教如何服事鬼神，孔子就说："活人尚未服事好，何谈服事死人？"四来颜回是最懂孔子的人，孔子也是最懂颜回的人，孔子深知颜回生前从来就不在乎身外之物，更何况死后是否被厚葬呢？作为颜回的师兄弟们却想不到这一层，于是厚葬了颜回。

　　颜回聪明是聪明，但他对别人的帮助却很小，就连孔子也说："颜回这孩子，不是一个对我有所促进和助益的人。"因为颜回对他讲的话没有一句不心悦诚服的。

　　另外据笔者个人推测，颜回怕是有些近似今天我们所说的书生气，属于那种"两耳不闻窗外事，一生只读圣贤书"的典型的读书人。这种人搞不好生活，一生穷困也在情理之中。为此，孔子甚至替颜回打抱不平。孔子说："颜回的学问、道德可以了吧，可经常是既没钱财，又没法子。端木赐从不安本分，独自经商，没想财富越积越多，猜测行情往往一猜一个准。"

　　尽管如此，颜回始终都是孔子最爱的学生。即便颜回病倒临死之际，孔子依然不吝赞赏颜回好学，说他每天都有进步，并且这是少有的当面夸奖颜回。

颜回占据《论语》全书512章中的21章，出场次数排名第三。有趣的是，颜回虽然占据《论语》512章中的21章，真正出场不过6次，剩下15次只是被间接提到：或生前被拿来和人比较、评价；或死后被人安排，令孔子惋惜。

颜回正面出场的6次，又可大致分为4种情况：

一、主动向孔子请教

颜回向孔子请教什么是仁。孔子说："能够自己回复到礼上，也就做到仁了。一旦能够自己回复到礼上，天下的百姓也就都归向仁了。实践仁全靠自己，难道是靠别人吗？"颜回说："愿闻其详。"孔子说："不合礼的别看，不合礼的别听，不合礼的别说，不合礼的别干。"颜回说："我虽愚钝，但一定照您说的做。"

颜回又向孔子请教如何治理国家。孔子说："使用夏朝的历法，乘坐殷朝的车子，佩戴周朝的礼帽，采用《韶》乐和《武》乐。排除郑国乐曲，远离搬弄是非之人；郑国乐曲太过分，搬弄是非之人危险。"

二、回应孔子的问话

一天，孔子坐着，颜回和子路站在身边。孔子说："何不谈谈你们的志向呢？"颜回说："我希望做到不自夸长处，不自我表功。"这可见出颜回的谦逊，不事张扬。

孔子周游列国期间，从卫国出发，本打算到陈国去，路过匡地时被群众围困，颜回后来才到。孔子说："我以为你死了。"颜回说："先生活着，我哪敢死呢？"这可见出颜回很懂孔子，很善于抓住孔子的心，说出的话总能让孔子满意。

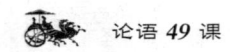

三、孔子赞美颜回的同时不忘教育子路

孔子对颜回说:"被人使用就大展拳脚,被人抛弃就抽身自爱。恐怕只有我跟你才做得到吧!"一旁的子路也想找点存在感,便问:"您要是统帅大军作战,又会找谁一起呢?"孔子说:"反正凭赤手空拳搏击老虎、不用船只光脚过河,到死都不会后悔的人,我是不会找他的。一定要找,定是找面临重任小心谨慎,善于谋划而能成事的人!"用舍行藏既需要有智慧,更需要有修为。在孔子看来,真正能够做到"被人使用就大展拳脚,被人抛弃就抽身自爱"的人,除开他自己也就只有颜回了。

四、颜回高度赞美孔子

颜渊感叹着说:"我们老师的学问之道,越是仰望,越觉得高深莫测;越是钻研,越觉得坚不可摧。一会儿看到它在前面,一会儿它又跑到后面去了。老师非常善于一步一步地引导弟子,利用'文'来丰富我的知识,用'礼'来约束我的行为,就算是我想停下来都不可能。我已经用尽我的才力,一旦老师又有了新的建树,我即便是想跟上去,又不知道从哪里入手了。"此可谓弟子对老师的最高的赞扬了,近似孔子赞扬老子。《史记·老子韩非列传》载,孔子见过老子回去后说:"天上的鸟儿,我知道它会飞;水中的鱼儿,我知道它会游;陆地上的野兽,我知道它会跑。陆地上跑的,可以用网去捉,水中游的,可以用线去钓,天上飞的,可以用箭去射。至于龙,我就不知道怎样对待它了,它能够乘风驾云,直上九天。我见到了老子,此人简直就是一条龙。"

除开以上所记,有关颜回的事迹流传甚广的就是"偷吃米饭"一事。这件事情好些书中都有记载,但略有不同。

首先,请看《孔子家语·在厄》版本——

孔子受困于陈国和蔡国之间,跟随的人七天吃不上饭。子贡拿着携带的物品,偷偷逃出包围,请求村民让他换些米,于是得到一石米带回后。颜回和子路在一间土屋下煮饭,有块熏黑的灰土掉进饭中,颜回便把弄脏的饭取出来吃了。子贡在井边看见了,心里很不高兴,以为颜回在偷吃。他进屋问孔子:"仁人廉士在困穷时也会改变节操吗?"孔子说:"改变节操还称得上仁人廉士吗?"子贡问:"像颜回这样的人,他不会改变节操吧?"孔子说:"当然不会。"子贡于是把颜回偷吃的事告诉了孔子。孔子说:"我相信颜回是仁德之人已经很久了,虽然你这样说,我还是相信他不会干出这种事情,他那样做一定有原因吧?你待在这里,我去问问他。"孔子把颜回叫进来说:"我前几天梦见了祖先,莫非是祖先在启发、保佑我们吗?你做好饭赶快端上来,我要进献给祖先。"颜回说:"刚才有灰尘掉入饭中,如果留在饭中则不干净;假如扔掉,又太可惜。于是我就把它吃了,这饭不能用来祭祖了。"孔子说:"要是这样,我也会把它吃掉。"颜回出去以后,孔子看着弟子们说:"我深信颜回,不是到今天才如此啊!"弟子们由此叹服颜回。

其次,请看《吕氏春秋·审分览·任数》版本——

孔子在陈国和蔡国之间的地方受困缺粮,饭和菜全都没有了,七天都没吃上米饭。白天睡在那里。颜回出去讨米,讨回来后爨火煮饭,眼看米饭就快熟了。孔子看见颜回用手抓锅里的饭吃。不大一会儿,饭真的煮熟了,颜回请孔子吃饭。孔子假装没看见颜回从锅里抓饭吃的事情。孔子坐直身子以后说:"刚才我梦见了我的先人,把饭食弄干净了,然后去祭祀他们。"颜回回答说:"不可以了,刚刚烟尘掉进锅里弄脏了米饭,丢掉又不好,我就抓来吃了。"孔子叹息着说:"按道理说是应该相信眼睛的,但眼睛看到的并不一定可信;按道理说是应该依靠自己的心的,但是心里揣度也不足以依靠。同学们记住,要了解一个人不容易啊。"

两处记载,我更相信《孔子世家·在厄》。颜回别说去讨米了,就算是用东西去换些米回来恐怕都困难吧!再说孔子及弟子是不会去乞讨的。因此子贡出去换米更有可能,《孔子世家·在厄》更为接近真实。好在两者都彰显了颜回正直、真诚的思想品质。

颜回死后,历代文人对其推尊有加,追赠兖国公,封为复圣,陪祭于孔庙。

欲知颜回更多生平事迹,可以参阅《孟子》《庄子》《说苑》等书,其中记载有颜回娶妻生子以及西游等事迹。

41　冉氏三杰

孔子的弟子中既有父子,也有兄弟。父子有曾晳(曾点)和曾参(曾子、子舆),颜无繇(路)和颜回(子渊);兄弟则有冉耕(伯牛)、冉雍(仲弓)和冉求(子有)。

冉氏三兄弟的十世祖是季历之子姬昌,也就是周文王。周王朝建立后,文王的第十个儿子冉季载被封于冉国(今山东省菏泽市定陶区),以国为氏,是冉氏的得姓始祖。冉季载的八世孙冉离,也就是冉耕、冉雍、冉求三兄弟的父亲,是个地位卑微的人。冉雍为此感到很自卑。孔子于是对他打比方说:"杂色牛生出红色的小牛,两角长得周正,即便你不想用它作祭品,山川的神灵难道会舍弃它吗?"借此教育冉雍,后天努力远比出身更重要。

根据《冉氏族谱》:"离娶颜氏,生长子耕,次子雍。颜氏死,又娶公西氏,生求。"公西氏贤明淑德,听说孔子在阙里设馆授徒,于是安排三个儿子前往拜师学习。在孔门学习时,兄弟三人颇受孔子赏识。学成以后,三兄弟个个品学兼优,均为孔子"四科十哲"中的代表。老大冉耕、老二冉雍同属德行科,品德高尚,智力超群。冉耕比孔子小七岁,孔子认为他有德行,被公认为最像孔子。冉耕为人端正正派,尤其善于待人接物。

冉耕不幸得了非常难治的麻风病。孔子前去探望,从窗子外面握住冉耕的手说:"这是命啊!这样好的人却得了这样的病!这是命啊!"冉耕死后,后世追封郓侯、东平郡公、郓国公。1530年确定称号"先贤冉子",从祀孔庙。

冉雍,字仲弓。有人曾说,冉雍有仁德无口才。孔子为此驳斥那人,认为口才并不是很重要:靠着能说会道对付人,反倒常常遭人厌恶。冉雍虽然口才不好,但讲话却能得到孔子赞赏。有一次,冉雍问子桑伯子这个人在老师看来怎么样。孔子说:"不错,他够简的。"冉雍说:"自处严肃认真而又行事简要，以此治理百姓，不是很好吗？但若自处简单并且简单行事，不也太简单了吗？"言下之意，冉雍认为子桑伯子的简，并非行事简要，而是简单行事。孔子赞赏冉雍看问题通透，认为他说得对。

冉雍和冉求都曾当过季氏家的总管。冉雍在先，冉求在后。冉雍当季氏家的总管当在孔子周游列国之前；冉求当季氏家的总管时，孔子已经六十五六岁了。

冉雍当季氏家总管期间，曾向老师请教如何搞好政治。孔子告诉他说："给工作人员做榜样，原谅人家的小过失，提拔德才兼备之人。"冉雍进而问道："那到底怎样识别德才兼备之人，并且予以提拔呢？"孔子告诉他说："提拔你了解的；至于你不了解的人，别人难道会舍弃而不予提拔吗？"

冉雍向老师请教什么是仁。孔子告诉他说："出门办事，得像接待重要宾客那样小心。役使百姓，得像承办重大祭典那样谨慎。自己不喜欢的不想要的，千万不要强加给别人。在诸侯的手下任职，不怨天尤人，在大夫的手下任职，也不怨天尤人。"冉雍说："我虽愚钝，但一定照您说的做。"

孔子认为冉雍在德行方面非常有成就，曾说："冉雍德行高尚，可以君领天下。"这一评价不是一般的高。《论语》中的原话是"雍也可使南面"，意思是说冉雍完全有资格像古代的皇帝那样坐北朝南。不过为了折中一下，这句话一般理解为"可以让他作个卿大夫一样的官，独当一面，统领一方"更好一些。

老三冉求，字子有，比孔子小29岁。平时陪在孔子身边，和子贡一样，总是一副和乐的样子。冉求和子路属于政事科的代表，擅长管理。和子路一样，冉求也善于带兵打仗。孔子周游列国期间来到卫国，冉求替他赶车。孔子说："人口真多啊！"冉求问："人口已经很多了，下一步该怎么做呢？"孔子说："让他们富起来。"冉求问："已经富了，下一步该怎么做呢？"孔子说："教育他们。"

孟武伯问冉求是否称得上仁。孔子回答说："冉求这个人，拥有千户人家的城邑，拥有百辆兵车的卿大夫之家，可以让他当第一行政长官。至于是否称得上仁，我不知道。"

有一天，冉求和子路、曾皙、公西华陪坐在孔子身边。孔子让他们畅所

217

欲言，假设现在有人愿意聘用他们，他们都想干什么。轮到冉求，便说："方圆六七十里，或五六十里的小国家，我去治理，三年以后，可保人民丰衣足食。至于礼乐教化，有待君子推行了。"

冉求胆小，遇事退缩，因此当他问老师："听说某事就干起来吗？"孔子说："没错，听说某事就干起来。"以此推他一把。

冉求多才多艺，而且多能。子路曾向老师请教什么是完人。孔子告诉他说："像臧武仲那样聪明智慧，像孟公绰那样清心寡欲，像卞庄子那样勇敢无惧。"除开以上三个方面，还有就是，要像冉求那样多才多艺。

季康子曾向孔子请示，冉求是否可以让他从政。孔子则说："冉求才艺双绝，让他从政有什么难的呢？"

季子然问冉求算不算得上大臣。孔子说："所谓大臣，是说以仁义服侍君主，如果行不通就辞职。冉求算是具备做臣子的条件了。"季子然进一步追问："那么，冉求是绝对服从之人吗？"孔子说："杀父亲和君主这等忤逆之事，冉求是不会服从的。"孔子既肯定了冉求的才能，又肯定了冉求的德行。

孔子周游列国后期，冉求回到鲁国做了季氏家的总管，并且很快就立了大功。这期间因为吴国联合鲁国去攻打齐国，齐国于是侵入鲁国。鲁国的孟氏、季氏、叔氏三家贵族最初都不肯抵抗。经过冉求的一番劝说，季康子才出了兵，孟氏、叔氏两大家族也才出了兵。交战的结果是，唯有冉求率领的季氏家这一支军队打了胜仗。季康子问冉求，他的军事才能都是跟谁学的。冉求说自己是跟老师孔子学的。季康子便问孔子到底是个什么样的人。冉求于是将老师的才德向季康子做了一番介绍。季康子听了进去，便派人带上重礼，从卫国将孔子接回了鲁国。

孔子的众多弟子中，有好几个甚至被他不止一次地责骂。骂得最狠的，就是子路、宰予和冉求了，单单《论语》中记录冉求挨责骂就有好几回。

公西华出使齐国，冉求为他的母亲向孔子请求小米。孔子说："给她六斗四升。"冉求请求多给一些。孔子说："那就再给她二斗四升。"冉求给了她八百斗。孔子说："公西赤出使齐国，乘着膘肥体壮的马拉的车，穿着又轻又暖的皮大衣。我曾听说：君子向来只是雪里送炭，绝不锦上添花。"

季氏打算祭祀泰山。孔子对冉求说："你难道就不能对他加以阻止吗？"

冉求说："不能。"孔子说："天啊！难道说泰山还不如林放懂礼吗？"孔子既是批评季氏不知礼，也是责备冉求没有尽到做家臣的责任和义务，阻止自己的上司去干那僭越之事。

季氏将要攻打鲁国的附属小国颛臾国，冉求和子路两个去见老师孔子说："季氏要对颛臾下手了。"孔子说："冉求，难道你没有错不该责备你吗？那颛臾，先王授权他主持东蒙山的祭祀工作。而且它就在鲁国的国境以内，好比是和鲁国荣辱与共的重臣。为何攻打它？"冉求说："是季康子他老人家想那样干，我们两个做臣子的都不想的。"孔子说："冉求！周任（古代史官）曾经说过：'既然在位上，就应当尽职尽责。如若不能，就应该辞职让位。'明知主人危险却不加以保护，明知主人要摔跟头却不搀扶，那还要你们这些臣子干什么呢？并且你说的话本来就有问题。老虎和犀牛逃出笼子，龟壳和美玉烂在匣中，到底是谁的过错呢？"

有天下班，冉求回来比平时晚。孔子说："怎么这么晚了才回来？"冉求说："有政务要忙。"孔子说："那只是个人事务而已。真要是有政务，虽然朝廷不用我了，我也会知道的。"

身为大夫的季氏，竟然比周公还富裕，冉求却还要替他搜刮金银财宝，不断地增加他的财富。孔子非常愤怒，便说："我没有冉求这种弟子，你们大可敲锣打鼓地攻击他！"

42　文学四秀

孔子生前最爱的弟子是子渊（颜回），最亲近最信任的弟子是子路（仲由）。但真正继承孔子衣钵、传承孔子思想、弘扬儒家文化的，却是晚期收的几名弟子——子张、子游和子夏以及并不怎么被孔子看好的子舆（曾参）。

儒家八大派里面有子张，可是为何没有曾子、子夏和子游呢？胡适认为，概是因为当初曾子、子夏、子游属于孔门正传，言必称师。《论语》中曾子两次讲"吾闻诸夫子"，意思是说，那些话他是从他的老师孔子那儿听来的，并不是他说的：一次是说"人不会轻易完全地表露真实情感，要有那一定是在父母亡故的时候"；一次是说"孟庄子的孝顺，一般的都还容易做到；但他不变动父亲的老部下和施政方针，就很难做到了"。因此，他们没有开宗立派。相反，子张和漆雕开与曾子一帮人不合，主张也大不相同，故而另立门派。子张与同门意见相左，《论语》中就有记录，下面将会提到。

又据《史记·仲尼弟子列传》可知，孔子去世以后，子夏定居河西教授学生，成了魏文侯的教师。子夏的儿子死了，子夏把眼睛都哭瞎了。后世传有《子夏易传》，现在通常认为是魏晋间大兴《易》学之风时为当时人所伪撰而流布于世。

子张，姓颛孙，名师，字子张，陈国人，或说鲁国人，比孔子小48岁。

子游，姓言，名偃，字子游，吴国人，或说鲁国人，比孔子小45岁。

子夏，姓卜，名商，字子夏，卫国人，比孔子小44岁。

子舆，姓曾，名参，《论语》里面常以"曾子"出现，鲁国人，比孔子小46岁。

也就是说，孔子去世的时候，他们四人当中最小的子张才24岁，最大的子夏也不过才28岁。

根据孔子收徒的特别要求7.7"自行束脩以上，吾未尝无诲焉"，即年满

论语49课

220

15周岁以上才教，可知孔子去世之时，子张入门不足10年，子夏入门顶多13年。可是子游和子夏同为孔门"四科十哲"，同属文学科的代表，足见子游和子夏是孔子生前钦点的继承自己衣钵的弟子。子张和曾子未列孔门"四科十哲"，想必并非因为二人不够优秀。子张很可能是因为性格有缺陷，曾子则可能是因为看起来有些迟钝。

要说子张优秀，可从《论语》中他向孔子请教的那些问题看出来。

子张向孔子学习求官职拿薪水的方法。孔子说："多听一听人家是怎么说的，有疑惑不妄加评论，有把握的也谨慎地说，这样就可以减少错误；多看一看人家是怎么行事的，拿不准的不要擅自行动，拿得准的也谨慎处理，这样就可以降低风险。一来少说错话，二来又少做错事情，你要求取的官职和薪水也就在其中了。"

有一天，子张跟随孔子出行，在陈国和蔡国之间遭到了围困。子张问孔子，一个人要怎样才能使自己处处行得通。孔子回答说："说话忠诚可靠，办事踏实认真，这样即便是身处少数民族聚居地，也能畅通无阻。相反，即便是在本地，能行得通吗？站立时犹如看见'忠信''笃敬'等字树立眼前；乘车时犹如看见'忠信''笃敬'等字刻于前方横木，如此就可以畅行天下。"子张听后，把这番话写在了束腰的大带上。

又有一天，一个名叫冕的盲人乐师来见孔子，走到台阶，孔子说："这是台阶。"走到席旁，孔子说："这是坐席。"都坐定后，孔子说："某某在这儿，某某在这儿。"师冕告辞离去后，子张问道："这是同盲人乐师交流的方式吗？"孔子说："是的，这正是帮助盲人乐师的方式呢。"

又有一次，子张问道："士人要怎样做才可以称得上'达'？"孔子说："你所讲的这个'达'是什么意思呢？"子张答："在诸侯手下干一定要有名望，在大夫手下干也一定要有名望。"孔子说："你说的这个应该叫'闻'，不是'达'。所谓'达'，是指品性正直且遇事讲理，善于察言观色且思虑周详。这种人在诸侯手下干一定事事通达，在大夫手下干也一定事事通达。所谓'闻'，是指表面上做一套，而私下里却是另外一套，自己还坚信不疑地以仁人自居。这样的人在诸侯手下干一定会赚取名望，在大夫手下干也一定会赚取名望。"

又有一次，子张问道："未来十代的制度可以预知吗？"孔子回答说："殷朝沿袭夏朝的制度，所废除的与增加的，可以知道；周朝沿袭殷朝的制度，所废除的和增加的，可以知道。如果是继承周朝的，就算百代，都可以预知。"

又有一次，子张问道："楚国子文三次就任宰相都未露出高兴的脸色，三次被罢免同样也未露出怨恨的脸色。每次卸任都把自己推行的政策告知新任宰相。这个人您怎么看？"孔子回答说："算是尽忠于国家了。"子张追问："算不算仁呢？"孔子说："他尚未能够做到智，怎能算得上仁呢？"子张又问："崔杼以下犯上，杀掉了齐庄公。陈文子拥有四十匹马，也毅然舍弃离开了齐国。到了另一个国家，说道：'这里的当权者跟齐国的崔杼一样。'于是离开了。又到了一个国家，又说：'这里的当权者跟齐国的崔杼一样。'于是又离开了。陈文子这个人您怎么看？"孔子说："算是洁身自爱了。"子张追问："算不算仁呢？"孔子说："他尚未能够做到智，怎能算得上仁呢？"

又有一次，子张请教成为善人的法门。孔子回答说："要是不循着别人的脚步，各方面的修养也就难以到家。"

又有一次，子张请教怎样看得透彻。孔子回答说："如水浸润之谗言，切肤之痛般诽谤，均在你这里行不通，如此也就算看得透彻了。如水浸润之谗言，切肤之痛般诽谤，均在你这里行不通，同样也就算看得深远了。"

又有一次，子张请教怎样崇尚品德、辨别是非。孔子回答说："立足忠信，唯义是从，这就是崇尚品德。爱一个人希望他好好活，讨厌一个人希望他马上死。既希望他好好活，又希望他马上死，这就是迷惑不解。"

又有一次，子张请教如何搞好政治。孔子回答说："在岗位上兢兢业业，执行政令切切实实。"

又有一次，子张问道："我看到《尚书》上讲：'殷高宗（武丁）居丧住在凶庐，三年都不讲话。'到底什么意思呢？"孔子回答说："岂止高宗，古人皆是如此：君主死了，继位者三年不问政治，各级官员各司其职，听命于宰相。"

又有一次，子张向孔子请教什么是仁。孔子回答说："行走天下，能够随时随地践行五种品德便是仁了。"子张说："请问哪五种？"孔子说："庄重，宽厚，信实，勤敏，施惠。庄重，就不会招致侮辱；宽厚，就会得到拥护；信实，就会得到任用；勤敏，就会有成效；施惠，就能够使唤人。"

又有一次，子张问孔子道："怎样做才能够为官从政呢？"孔子回答说："遵循五美，去除四恶，就能够为官从政了。"

单就《论语》记录，作为弟子的子张没少问孔子方方面面的问题，作为老师的孔子也是有问必答。足见子张勤于发问，十分好学。这样好学的人，想必非常优秀。

要说子张性格有缺陷，同样可从《论语》中找到依据。子游就说："我的朋友子张已经做得很好了，只是还没做到仁。"曾子也说："子张太过于清高了，简直没法和他一块儿追求仁。"从这里可以看出，在师兄弟眼里，子张尽管做得不错，但还没有做到仁。并且因为过于清高而没法和他一起追求仁道，即便是曾子这样诚笃的人。

子夏的弟子向子张请教交往之道。子张首先问那名弟子："子夏是怎么说的呢？"那名弟子答道："我的老师子夏说：'可以交往的就交往，不可以交往的就拒绝。'"子张这才说出了自己的看法："我所听到的跟你们老师子夏讲的不一样：君子尊重贤德之人，也能够容纳普通大众；表扬嘉奖好人，同情可怜无能之辈。我是大好人吗，对人有什么不能容纳的呢？我是大坏蛋吗，别人会拒绝我，我又怎么可以拒绝别人呢？"从这里可以看出，子张和子夏虽然同为孔门弟子，但各自主张大不相同，而且在子夏的弟子面前公然质疑子夏的思想。

在孔子眼里，子张很偏激，浮夸。《论语》中孔子的原话是"参也鲁，师也辟"，意思是说曾参（子舆、曾子）迟钝，颛孙师（子张）偏激。子贡也曾拿子张和子夏做比较，问孔子谁更强一些。孔子回答说："子张过头了，子夏没达到。"子贡追问说："如此说来，子张强一些了？"孔子说："过头了和没达到一样。"从这里可以看出，在老师孔子眼里，子张和子夏都有很大的进步空间。子张做事容易做过头，子夏做事情难以做得到。因此两个人都需要加强修炼，提升自己。

子夏需要修炼提升，不妨听听子游对他的评价。有一天，子游说："子夏的弟子，在洒扫庭除、待人接物、进退应付等方面，差不多可以了，只不过都是些细枝末节的小事情。根本上的东西却没有，这怎么可以呢？"子夏听到这话以后说："哎呀！子游错了！君子的学问，哪些应该先传授哪些应该后竭力教诲呢？好比认识草木，也要分门别类。君子的学问，岂能如此地轻视妄加批评？传授有始有终并且全面兼顾的，只有圣人能够做到吧！"可见子游讲究高度，从大处着眼；子夏讲究循序渐进，全面兼顾。

孔子主张礼乐治国，子游学得有模有样，讲起话来也是孔子口吻。孔子来到子游担任地方行政长官的武城，听到一片弹琴唱歌的声音，微笑着说："杀鸡焉用宰牛刀？"言下之意，管理如此小的地方，哪里用得着乐教？子游回答道："我以前听老师您说过：'当权者学礼乐就会爱护他人，老百姓学礼乐就会言听计从。'"孔子于是向随行弟子们说："子游说得对。我刚才那样说只不过是开个玩笑。"

孔子问他在这里做官有没有发现什么人才。子游便说有个叫澹台灭明（子羽）的做事不走捷径，若非公事，从不上他这里来。后来澹台灭明也拜在孔子门下，并且学有所成。

子游做官、为人处世，都有所心得，认为服侍君主过于烦琐，容易自取其辱；朋友相交过于烦琐，反倒彼此疏远。子游还曾说过："居丧期间，能够表现悲哀之情就可以了。"

跟子张一样，或许子游也对人不够尊重，甚至包括对自己的父母都缺少敬意。所以在子游问什么是孝的时候孔子说："如今的所谓孝，是说能够养活父母，连父母的狗马都饲养。都能够养，但不尊敬，那养活父母跟饲养狗马又有什么分别呢？"

子夏也问过什么是孝。孔子说："在父母前，保持和颜悦色是非常难的。有事情，少者代劳；有酒菜，长者吃喝。你以为这就是孝吗？"孔子意思是说，在孝顺这个问题上，子夏做得不够好，对待父母常常没有好脸色。

相反曾子在这一点上认识非常透彻。曾子说："认真办理死者（父母）的丧事，追念、祭祀历代祖先，老百姓就会变得忠厚淳朴起来。"想必因为曾子善于反思总结，才会有此认识，并且说出下面这样的话来："我每天多次反省——替人办事尽力了吗？与人交往够诚心吗？教给别人的有验证过吗？"

善于反思总结的曾子，自然比一般师兄弟领悟能力强。有次孔子对曾子说："参！我的学说有个中心思想贯穿始终。"曾子说："是的。"孔子出去以后，孔子的其他的弟子想了半天没想明白，于是问曾子道："刚才咱们老师讲的是什么意思？"曾子告诉他们说："老师的意思是说，他的学说从始至终都忠于恕道。"姑且不论曾子的理解是否正确，但他的确是具有自己的见解。

如此说来，子游其实和子张、子夏差不多，都有很多的不足，虽然足够优秀，但是缺点也非常的明显，反倒是在孔子看来很是迟钝的曾子更有风度。

当然，作为孔门"异能之士"，子张、子夏都绝非浪得虚名。单就《论语》所记，子张讲出了非常有水平的话。子张说："士人见到危险不惜献出生命，见到所得想到应不应该得，祭祀之时想到诚意致敬，居丧期间想到诚心致哀，做到这些也就差不多了。"又说："具有德操，但却没能够发扬光大；相信道义，但却不能笃定坚守。这种人怎么可以说他执德信道，又怎么可以说他不执德不信道？"

子夏论学，也常与孔子论学并举。子夏说："做官要是还有余力就去学习，学习要是还有余力就去做官。"又说："即便是小技艺也一定有可取之处；但要有所作为，恐怕陷进去反遭阻碍，所以君子不去从事。"又说："每天都能掌握新知识，每月都还记得已经掌握到的知识，也就可以称得上是好学了。"这和孔子所讲"复习旧知识时能有新体会、新发现，便可做老师了"一脉相承。关于学习子夏还曾说过："广泛地学习，坚守自己的志趣；多问实实在在的问题，多想当务之急，仁就在这中间了。""工匠们在作坊里完成工作，君子通过学习求取真理。"

孔子曾对子夏高度赞扬，承认子夏是能够启发他的人。子夏问道："'酒涡浅浅，微笑甜甜；眼睛美美，眼波流转；洁白纸上，颜色绚烂。'这什么意思？"孔子说："白色打底，然后绘画。"子夏说："那么，礼以仁为基础吗？"孔子说："启发我的正是你卜商呀！从今往后，我们可以谈《诗经》了。"可见子夏并非像子游说的那样，只会专注于细枝末节的小事情。实际上，子夏讲话很有水平，也非常有见地。子夏说："对待妻子，要能够像爱她的容貌一样，爱她的贤德；侍奉父母，要能够尽心尽力；服事国君，要能够奋不顾身；结交朋友，要能够说到做到。"又说："小人犯错定会掩饰。"又说："君子好像会三种变化：看上去很严肃，一相处又很温和，听他讲话又很严厉。"又说:"君子最好获得信任后再去役使百姓;相反,百姓会认为你那是在折磨他们。最好获得信任以后再去进谏君上;相反,君上会认为你是在诽谤他。"又说:"大节不可超出界限,小节可以有所出入。"子夏能有这样的思想和见解,想必得益于孔子的教育。孔子曾对子夏说:"你要做君子那样的儒者,不可做小人那样的儒者!"可以说子夏完全是按照孔子讲的那样去做的。

通过《论语》,子夏还直接或间接地为我们贡献了几则成语典故。

司马牛忧虑地说:"人人都有兄弟,独我没有。"子夏说:"我曾听说:死生由命决定,富贵由天安排。君子对事谨慎而无过失,对人谦恭而讲礼节。四海之内皆兄弟,君子哪用得着忧虑没有兄弟呢?"我们今天常常讲的"生死有命,富贵在天"和"四海之内皆兄弟",就源于子夏和司马牛的这段对话。

有一天,樊迟请教什么是仁。孔子说:"爱人。"跟着请教什么是智。孔子说:"了解他人。"樊迟没能理解透彻。孔子进一步解释说:"把正直的人提拔上来管理邪恶之徒,可使邪恶之徒变得正直。"樊迟退了出来,找到子夏说:"刚才我去见我们老师并向他请教什么是'智',老师说,'把正直的人提拔上来管理邪恶之徒,可使邪恶之徒变得正直。'到底什么意思?"子夏说:"老师的话内涵真丰富呀!舜执掌天下,在大众当中选拔人才,提拔皋陶,不仁之人自然远离而去。汤执掌天下,在大众当中选拔人才,提拔伊尹,不仁之人自然远离而去。"成语"举直错枉"就源于这段对话。

子夏担任莒父这个地方的行政长官时,请教如何搞好政治。孔子说:"不可图快,不顾小利。图快,就达不到目的;顾小利,就办不成大事。"我们今天常常讲的"欲速则不达",就源于子夏和孔子的这段对话。

孔子的这四位后期弟子中,唯有曾子留下一本著作——《大学》。

另外《论语》里面,唯有曾子、有子(有若)、冉子(冉有)三人,同他们的老师孔子一样,名字是以"姓+子"这一形式出现。一来说明《论语》一书,很可能是这三人或这三人的弟子编辑而成;如果《论语》由他们弟子编辑这一猜测成立,二来也说明曾子在其弟子的心目中地位崇高,同他们的祖师爷孔子一样伟大。

曾子在《论语》中的出场率远远赶不上子路、子贡和颜回,但他讲的有些话,至今仍被经常引用。

曾子说："士人不能没有恢弘的气度和刚毅的品质，因为责任重大而路途遥远。以推行仁德为己任，不也重大吗？至死方休，不也遥远吗？"这里曾子的经典语言是"士不可以不弘毅，任重而道远"。

曾参病了，孟敬子前去探望。曾子对他说："鸟要死的时候，叫声悲哀；人要死的时候，话多善意。高居上位的人，珍惜的礼仪之道有三种：整肃容貌，如此方可避免他人的粗暴和懈怠；端正脸色，如此方可获得信任；注意谈吐，如此方可避免粗俗和错误。至于祭祀礼仪细节，则有专职人员负责。"这里曾子的经典语言是"鸟之将死，其鸣也哀；人之将死，其言也善"。

《论语》中还记录曾子另外一次生病。想必病得很重，于是将自己的弟子都召集了起来，对他们说："你们仔细检查一下我的手！检查一下我的脚！看看我的手和脚是否完整。《诗经》上说：'战战兢兢，就像面临无底深渊，就好像踩在薄冰之上。'从今往后，我知道可以不必如此了！好弟子们！"

孔子的众多弟子中，曾子既有自己的思考，又和孔子的思想高度一致。曾子说："精明强干，却向一无所能的人请教；见多识广，却向才疏学浅的人请教；很有能耐，却跟没有能耐一样；内心充实，却跟腹内空空一样；受到冒犯，却不计较——过去我的一位朋友就曾这样做过。"又说："可以把幼小的孤儿托付给他照顾，可以把国家的命运寄托于他把握，生死存亡之际也不能令他丧失操守——这种人称得上君子吗？这就是君子啊！"又说："君子以文会友，借助朋友辅助仁德提升。"又说："君子考虑问题从不越出自己的职位。"孟氏让阳肤做典狱官，阳肤向他的老师曾子请教如何是好。曾子说："如今在上位的人不讲道义，百姓早就离心离德。若能审出罪犯实情，你应该同情而不是高兴。"这些话若不写明是曾子所讲，就很容易被当成是孔子讲的。

曾子于公元前 435 年逝世，一共活了 71 岁，这在古代算是大岁数。曾子在儒学发展史上占据重要的地位，被后世尊称为宗圣，成为配享孔庙的四配（又称四公、四圣。复圣公颜渊、述圣公子思、宗圣公曾参、亚圣公孟轲；旧时以此四人配祀孔子庙）之一，仅次于复圣公颜渊（颜回）。

今天每当人们谈到诚信这一话题的时候，还总会提到曾子杀猪。《韩非子·外储说左上》记载：曾子的妻子上集市去，小儿子跟在后面哭泣。孩子

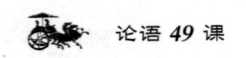

母亲说:"你回去吧,等我回来给你杀个猪吃。"她从集市回来,曾子打算抓猪来杀。妻子阻止说:"我只不过是和小孩开玩笑罢了。"曾子说:"小孩可不是开玩笑的对象。小孩没什么才智,需要父母作出样子才会跟着学,完全听从父母的教导。现在你欺骗了他,也就是教儿子学会骗人。做母亲的欺骗孩子,孩子就不相信母亲了。这不是教育的好办法。"于是就把猪杀掉煮了。

曾子不愧为孔子的弟子。曾子的父亲曾点(曾晳),也是孔子的弟子。

第七篇　他山之石

43　取譬引喻

比喻又称譬喻、打比方，古代称之为比或譬，是用和甲事物有相似之点的乙事物来描写或说明甲事物，是一种常用的修辞手法。

合理使用比喻，会令表达增色。《论语》中很多篇章都用到了比喻，其妙处在于让抽象的思想变得无比形象，而且对理解也大有帮助。

有些篇章一看就知道用了比喻，这样的篇章会出现"譬"字。如下：

2.1 子曰："为政以德，譬如北辰居其所而众星共之。"

这是拿众星拱月（群星环绕北极星）比喻以德治国的治国者，意思是说以德治国，治国者就会像那北极星被群星（全国人民）环绕。

9.19 子曰："譬如为山，未成一篑，止，吾止也。譬如平地，虽覆一篑，进，吾往也。"

本章打了两个比喻：前者拿堆山做比，说明干任何事情只要没有完成，就不可停止，否则就无法完成；后者拿填坑做比，说明干任何事情只要坚持，就有完成的一天。

17.12 子曰："色厉而内荏，譬诸小人，其犹穿窬之盗也与？"

这里用到了双重比喻，先是将色厉而内荏（面上很凶，内心怯懦）之人比作小人，再是将其比作挖洞翻墙的小偷。若说某人是色厉内荏之人，并不是很好理解，说他是小人，就好理解一些了。但和挖洞翻墙的小偷比起来，小人又远不如后者给人的感受那样直观。

19.12 子游曰："子夏之门人小子，当洒扫应对进退，则可矣，抑末也。本之则无，如之何？"子夏闻之，曰："噫！言游过矣！君子之道，孰先传焉？孰后倦焉？譬诸草木，区以别矣。君子之道，焉可诬也？有始有卒者，其惟圣人乎！"

子夏认为，传授君子之道应当讲究先后顺序，就好比对待草木，应当分

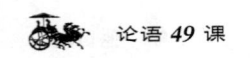

门别类。

19.23 叔孙武叔语大夫于朝曰："子贡贤于仲尼。"子服景伯以告子贡。子贡曰："譬之宫墙，赐之墙也及肩，窥见室家之好。夫子之墙数仞，不得其门而入，不见宗庙之美，百官之富。得其门者或寡矣。夫子之云，不亦宜乎！"

子贡的这个比喻绝对算得上《论语》中最形象、最绝妙的了。本来是要说明自己远不如孔子那般博学多才、境界高深、品德高尚，但若只是这样干瘪瘪地讲，估计会很难令人信服。理解的人认为你谦虚，不理解的人反而会认为是你虚伪。再说子贡这是为了回应叔孙武叔的别有用心。子贡将抽象的人之水平高下具象化了，用人们熟悉的围墙做比，认为自家的围墙最多只有人的肩膀那样高，一个人站在围墙边上，就可以看到墙内的一切。言下之意，我端木赐到底有几斤几两，其实一目了然。可是我们的老师孔子，他家的围墙高达数丈，别说是站在墙外看到墙内了，很多人恐怕是连门都找不到。言下之意，叔孙武叔根本就不了解孔子，他的说法无非小人之见。

以上篇章中有"譬"字。《论语》还有一些篇章没有出现"譬"字，但是也用到了比喻这种修辞手法。比如：

2.22 子曰："人而无信，不知其可也。大车无輗，小车无軏，其何以行之哉？"

这里是拿大车上的輗（古代大车车辕前面横木上的木销子）和小车上的軏（古代小车车辕前面横木上的木销子）比喻人应具备的信（信用）这种修养。

5.3 子贡问曰："赐也何如？"子曰："女器也。"曰："何器也？"曰："瑚琏也。"

这里将子贡比作宗庙里面贵重的瑚琏，肯定子贡是个专业人才。

9.2 达巷党人曰："大哉孔子！博学而无所成名。"子闻之，谓门弟子曰："吾何执？执御乎？执射乎？吾执御矣。"

为了反驳达巷党人说自己博而不专，孔子便拿射手和御手做比。射手专注于射箭，目标非常明确，这是精专。御手驾车，载着射手到处跑，只有到处跑才能保障射手找到合适的目标，也可以说，御手的目标就是帮助射手瞄准目标，这是博学。相比专一的射手，孔子选择博学，做一个博而不专的御手。

44　对比呈现

对比，是把对立的意思或事物，或把事物的两个方面放在一起作比较，让读者在比较中分清好坏，辨别是非。从构成方式看，对比分为反面对比和反物对比。

孔子讲话特别喜欢使用正反对比，《论语》中正反对比的篇章很多。所讲内容两相对比之下，是非对错、进退取舍一目了然。

2.3 子曰："道之以政，齐之以刑，民免而无耻；道之以德，齐之以礼，有耻且格。"

前提1. 道之以政，齐之以刑。▶结果1. 民免而无耻。

前提2. 道之以德，齐之以礼。▶结果2. 有耻且格。

前提1和前提2形成对比，结果1和结果2也形成对比。两种情形整体上也形成明显的对比。

2.7 子游问孝。子曰："今之孝者，是谓能养。至于犬马，皆能有养；不敬，何以别乎？"

这里只提到了今之孝者，但古之孝者却隐含在话语中。换言之，如今的孝是能够养活父母，过去的孝尤重尊敬。本章同样包含两重对比，一是拿养人和养犬马对比，一是今之孝者和古之孝者对比。养犬马不需要敬，但养人需要敬，否则养人和养犬马无异。今之孝者不懂敬，古之孝者懂得区分养人和养犬马，关键在于一个敬字。

2.19 哀公问曰："何为则民服？"孔子对曰："举直错诸枉，则民服；举枉错诸直，则民不服。"

前提1. 举直错诸枉，结论1. 民服。前提2. 举枉错诸直，结论2. 民不服。

4.16 子曰："君子喻于义，小人喻于利。"

这里将君子与小人对比，喻于义与喻于利对比。《论语》中，"君子"与"小人"对比呈现的句子很多，如 7.37"君子坦荡荡，小人常戚戚"，13.23"君子和而不同，小人同而不和"等等。

13.6 子曰："其身正，不令而行；其身不正，虽令不从。"

13.13 子曰："苟正其身矣，于从政乎何有？不能正其身，如正人何？"

能够端正自己，从政也就没什么难的；不能端正自己，别说从政，恐怕是端正别人都做不到。能端正自己和不能端正自己形成对比，各自产生的结果也大不相同。

13.21 子曰："不得中行而与之，必也狂狷乎！狂者进取，狷者有所不为也。"

这里狂者与狷者对比，狂者即志向高远之人，狷者即洁身自好之人，志向高远之人往往积极进取，洁身自好之人通常有所不为。

14.24 子曰："古之学者为己，今之学者为人。"

本章古之学者对今之学者，为己对为人，古之学者为己对今之学者为人，至于谁是谁非实难判断。孔子只是道出一种客观现象，并未明言孰好孰坏。

15.6 子张问行。子曰："言忠信，行笃敬，虽蛮貊之邦，行矣。言不忠信，行不笃敬，虽州里，行乎哉？立则见其参于前也，在舆则见其倚于衡也，夫然后行。"子张书诸绅。

前提 1. 言忠信，行笃敬。▶结论 1. 行（畅行天下）。

前提 2. 言不忠信，行不笃敬。▶结论 2. 不能行（行乎哉）（不能畅行天下）。

16.4 孔子曰："益者三友，损者三友。友直，友谅，友多闻，益矣。友便辟，友善柔，友便佞，损矣。"

16.5 孔子曰："益者三乐，损者三乐。乐节礼乐，乐道人之善，乐多贤友，益矣。乐骄乐，乐佚游，乐晏乐，损矣。"

以上两章对比结构完全相同，皆是益者和损者形成对比。在友方面，友直、友谅、友多闻和友便辟、友善柔、友便佞形成对比，前者为益，后者为损。在乐方面，乐节礼乐、乐道人之善、乐多贤友和乐骄乐、乐佚游、乐晏乐形成对比，前者为益，后者为损。

17.16 子曰："古者民有三疾，今也或是之亡也。古之狂也肆，今之狂也荡；古之矜也廉，今之矜也忿戾；古之愚也直，今之愚也诈而已矣。"

这里古人有的三种毛病和今人有的三种毛病形成对比。

古人的三种毛病：1. 狂妄但是率性而为；2. 骄矜但是方正有威；3. 愚蠢但是直率无比。

今人的三种毛病：1. 狂妄却是肆无忌惮；2. 骄矜却是一味地愤怒乖戾；3. 愚蠢却是伴随欺诈装出来骗人。

相比之下，古人的毛病尚有可取之处，今人的毛病实在糟糕到了极点。

写作也好，讲话也好，巧妙使用对比（横向对比、纵向对比、正反对比）定会大大增强表达效果。

45　逐层推进

逐层推进是指后面出现的内容以前面内容为基础，或者包含前面的内容，具有进一步提升或者层次更丰富的特点，整体上体现为层层递进。正所谓一山还有一山高，一谷还有一谷低，不同于横向平面比较，层进体现为纵向的程度比较，定会产生诸如长短、高下、优劣、好坏、深浅、难易等结果来。

1.15 子贡曰："贫而无谄，富而无骄，何如？"子曰："可也；未若贫而乐，富而好礼者也。"……

子贡讲的"贫而无谄，富而无骄"的人本已可贵，但和孔子所讲"贫而乐，富而好礼"的人相比，还是有差距的。

5.28 子曰："十室之邑，必有忠信如丘者焉，不如丘之好学也。"

这里孔子是说，即便十户人家的地方，一定有像他又忠心又信实的人，只是赶不上他的喜欢学问。相较于忠心信实，喜欢学问在孔子身上体现得更为突出。

6.20 子曰："知之者不如好之者，好之者不如乐之者。"

知之者→好之者→乐之者，明显乐之者居于最高层。

9.30 子曰："可与共学，未可与适道；可与适道，未可与立；可与立，未可与权。"

本章可从两条不同的思路切入理解，一是假定三句话针对三类人而言，如此便是一类人"可与共学，未可与适道"；一类人"可与适道，未可与立"；一类人"可与立，未可与权"。一是假定这三句话针对同一类人而言，如此便是即使"可与共学"，但也"未可与适道"；即便"可与适道"，但也"未可与立"；即便"可与立"，但也"未可与权"。如果按照后一条思路理解，那么，要和一个人一起权衡变通，将是非常困难的。相比而言，与之一道学习、一道坚守道，还是能做到的。

12.7 子贡问政。子曰:"足食,足兵,民信之矣。"子贡曰:"必不得已而去,于斯三者何先?"曰:"去兵。"子贡曰:"必不得已而去,于斯二者何先?"曰:"去食。自古皆有死,民无信不立。"

注意孔子和子贡对话之间的逻辑,对于如何搞好政治来说,食物、军备和取信于民无疑都非常重要,但并非同等重要。由轻到重排序:军备→食物→取信于民。

13.9 子适卫,冉有仆。子曰:"庶矣哉!"冉有曰:"既庶矣,又何加焉?"曰:"富之。"曰:"既富矣,又何加焉?"曰:"教之。"

君子爱护老百姓,首先是要让他们富起来,然后就是教育他们。首先得让老百姓丰衣足食,然后才是读书识礼。

13.20 子贡问曰:"何如斯可谓之士矣?"子曰:"行己有耻,使于四方,不辱君命,可谓士矣。"曰:"敢问其次。"曰:"宗族称孝焉,乡党称弟焉。"曰:"敢问其次。"曰:"言必信,行必果,硁硁然小人哉!——抑亦可以为次矣。"曰:"今之从政者何如?"子曰:"噫!斗筲之人,何足算也?"

围绕怎样做才配叫士这一问题,孔子给出了四个层次的答案,从最高级到最低级分别如下:行己有耻,使于四方,不辱君命;宗族称孝,乡党称弟;言必信,行必果;今之从政者的做派。孔子认为,最高层级的要求,体现为一切行为有廉耻之心,出使外国不辜负君主的使命。即便孔子只讲到这一层,同样可以达到表达效果,但因子贡"问其次",我们方知这是最高标准。

13.24 子贡问曰:"乡人皆好之,何如?"子曰:"未可也。""乡人皆恶之,何如?"子曰:"未可也;不如乡人之善者好之,其不善者恶之。"

注意"乡人皆好之"和"乡人皆恶之"并不构成层级比较,与二者构成层级比较的是"乡人之善者好之,其不善者恶之"。

14.42 子路问君子。子曰:"修己以敬。"曰:"如斯而已乎?"曰:"修己以安人。"曰:"如斯而已乎?"曰:"修己以安百姓。修己以安百姓,尧舜其犹病诸?"

修己以敬→修己以安人→修己以安百姓,境界越来越高,难度也越来越大。无怪乎孔子说,修炼自己从而安定百姓,恐怕尧舜都未必做得到。

15.35 子曰:"民之于仁也,甚于水火。水火,吾见蹈而死者矣,未见蹈

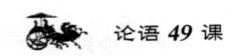

仁而死者也。"

就其危险程度而言，践行仁德远远低于掉进水火之中，甚至会低到零。因此孔子认为，百姓躲避仁德超过躲避水火是很不明智的。

16.2 孔子曰："天下有道，则礼乐征伐自天子出；天下无道，则礼乐征伐自诸侯出。自诸侯出，盖十世希不失矣；自大夫出，五世希不失矣；陪臣执国命，三世希不失矣。天下有道，则政不在大夫。天下有道，则庶人不议。"

本章从三个角度反复阐述同一见解，亦即礼乐征伐出自谁跟天下有道无道的辩证关系。虽然礼乐征伐"自诸侯出""自大夫出"和"陪臣执国命"都是天下无道的表现，但是相比而言，制礼、作乐、出征、讨伐的权力握在诸侯手中，要比握在大夫手中甚至大夫的家臣把持国家政权，总会传得久一些。从"礼乐征伐自天子出"到"陪臣执国命"，问题也就越变越糟，可谓一路向下，糟糕透顶。

16.9 孔子曰："生而知之者上也，学而知之者次也；困而学之，又其次也；困而不学，民斯为下矣。"

孔子将人的才智分成了四个品级，由低到高为：困而不学者→困而学之者→学而知之者→生而知之者。

层进出现在讲话中，会让讲话更具说服力，同时也是一种强调。《论语》中孔子经常以层进的方式表达观点，除了可以循着这种思路阅读，还可学习这一表达技巧。

46 如何选择

人在一生中，总会面临各种各样的选择，如何做出正确的选择，取决于一个人的精神品质和思想境界。

3.4 林放问礼之本。子曰："大哉问！礼，与其奢也，宁俭；丧，与其易也，宁戚。"

铺张浪费只是形式，容易导致礼变质，节俭朴素才是美德，可使人保持纯真。孔子选择节俭。悲伤发自真情，与其仪式周全而无真情，孔子选择真情。从这里可以看出来，孔子并不是形式主义者，而是一个非常务实的人。

3.13 王孙贾问曰："与其媚于奥，宁媚于灶，何谓也？"子曰："不然；获罪于天，无所祷也。"

王孙贾通过隐喻暗示孔子，与其巴结屋内西南角尊贵的奥神（卫国的当权者，比如卫公、南子等人），不如巴结管饭的灶神（比如王孙贾等人）。王孙贾明着指给孔子两条路选，实则暗示孔子不如巴结他。孔子怎么选择的呢？孔子怼了回去，言下之意是说王孙贾指的两条路都没用，他一条都不会选择。不选择也是一种选择，不选择本身也是一种态度的体现。这里不选择，并不意味着就没有第三种选择。

3.17 子贡欲去告朔之饩羊。子曰："赐也！尔爱其羊，我爱其礼。"

子贡爱惜告祭祖庙的活羊包含两重意思：一是觉得分明是形式主义何必浪费，二是认为羊很可怜。但比其礼来，羊小，礼大。孔子抓大放小。

7.12 子曰："富而可求也，虽执鞭之士，吾亦为之。如不可求，从吾所好。"

孔子假设了两种情况，并且分别作出了选择。如果荣华富贵能够求到，就算是当个市场里的保安他也会干。反之，就干他自己喜欢干的。这里面包含两层意思：一是说富贵其实是不可求到的，孔子的言外之意很可能是富贵只配那些有德之人获得；二是说职业本无贵贱，执鞭之士也是值得干的。

整体观之，选择是有前提的，需要考虑是在何种情况之下做选择。

7.26 子曰："圣人，吾不得而见之矣；得见君子者，斯可矣。"子曰："善人，吾不得而见之矣；得见有恒者，斯可矣。亡而为有，虚而为盈，约而为泰，难乎有恒矣。"

见不到有位、有德、有智慧的圣人，能够见到君子也好；见不到善人，能够见到持之以恒、坚持不懈的人也好。这叫求其次。取法乎上，得乎其中；取法乎中，得乎其下。圣人和善人在孔子的人品体系中均处于上级，君子和有恒者也在中级以上。即便求其次，孔子选择的也是有恒者以上的，对小人自然拒之门外。这也就是说，选择的底线需要提高水位。

7.29 互乡难与言，童子见，门人惑。子曰："与其进也，不与其退也，唯何甚？人洁己以进，与其洁也，不保其往也。"

本章孔子教我们如何对待一个人：退步与上进，赞成上进；现在与过去，赞成他现在的洁身自爱，不要老是想着他的过去。这种思想很有现代意义，尤其对于那些管理者，平时要多鼓励下属，要多肯定下属现在的努力和用心。

7.36 子曰："奢则不孙，俭则固。与其不孙也，宁固。"

傲慢不好，寒伧也不好。傲慢是由奢侈导致的，寒伧是由节俭导致的。知道原因，两相对比之下，孔子选择寒伧。这里是说，做出选择之前，亦需考察背后更深层次的原因。

9.13 子贡曰："有美玉于斯，韫椟而藏诸？求善贾而沽诸？"子曰："沽之哉！沽之哉！我待贾者也。"

一块美玉，藏起来还是卖掉，孔子选择卖掉。藏起来，只是偶尔拿出来欣赏，卖掉却可换得财帛。这是说玉，又不是说玉，而是说人。把玉藏起来，就跟隐士差不多；把玉卖掉，就跟入仕为官差不多。躲起来做个隐士，还是进入仕途，孔子宁愿选择入朝为官。唯有入仕为官，方可推行自己的主张，比如推行仁政等。这就是说，选择需为目的服务。

18.6 长沮、桀溺耦而耕，孔子过之，使子路问津焉。

长沮曰："夫执舆者为谁？"子路曰："为孔丘。"曰："是鲁孔丘与？"曰："是也。"曰："是知津矣。"

问于桀溺。桀溺曰："子为谁?"曰:"为仲由。"曰:"是鲁孔丘之徒与?"对曰:"然。"曰:"滔滔者天下皆是也,而谁以易之?且而与其从辟人之士也,岂若从辟世之士哉?"耰而不辍。

子路行以告。夫子怃然曰:"鸟兽不可与同群,吾非斯人之徒与而谁与?天下有道,丘不与易也。"

本章同时见出两种人的不同选择。相比之下,隐士的选择很简单:与其追随逃避坏人的人,不如追随避开社会的人。这话是隐士对子路讲的,逃避坏人的人指孔子,避开社会的人指隐士。孔子的选择更具挑战性,他之所以选择"知其不可而为之"是因为天下无道,更因为他胸怀天下,有责任,有担当,希望通过自己的努力让世界变得更加美好。这就是说,选择包含了美好的希望和梦想。

47　充要条件

无论是生活中，还是数学中、逻辑学中，都经常会遇到、用到充要条件。某种程度上讲，充要条件可视为一种推理法，对于阅读及阅读教学均有极大的帮助。

充要条件，又称之为充分必要条件。假设 p 是条件，q 是结论。那么：

一、由 p 可以推出 q，由 q 可以推出 p，则 p 是 q 的充分必要条件，q 也是 p 的充分必要条件。《论语》中少有这样的篇章，唯有 14.12 勉强可算。

14.12 子路问成人。子曰："若臧武仲之知，公绰之不欲，卞庄子之勇，冉求之艺，文之以礼乐，亦可以为成人矣。"……

这里 p 为"臧武仲之知，公绰之不欲，卞庄子之勇，冉求之艺，文之以礼乐"，q 为"可以为成人"。p（成人的五项标准）可以推出 q（成人），而 q 也能勉强推出 p。

二、由 p 可以推出 q，由 q 不可以推出 p，则 p 是 q 的充分不必要条件。《论语》中相关篇章大多属于这一类。

6.16 子曰："不有祝鮀之佞，而有宋朝之美，难乎免于今之世矣。"

本章 p 为"不有祝鮀之佞，而有宋朝之美"；q 为"难免于今世"。没有祝鮀（卫国大夫）的口才，而有宋朝（当时美男子）的美貌，在今天社会里恐怕免不了灾祸了。前者明显可以推出后者，但是导致后者的原因远远不止这一情况，因此后者不能推出前者。

6.27 子曰："君子博学于文，约之以礼，亦可以弗畔矣夫！"

本章 p 为"君子博学于文，约之以礼"（广泛学习文献知识，再以礼节来约束自己的行为），这是前提条件；q 为"可以弗畔"，可以不致背离人生正途。前者明显可以推出后者来，但是后者决定于很多因素，因此后者不一定能推出前者。

9.14 子欲居九夷。或曰："陋，如之何？"子曰："君子居之，何陋之有？"

条件"君子居之"，结论"何陋之有"。明显这一条件能够推出结论，但由结论不能推出条件来。因此，本章属于充分不必要条件。

14.4 子曰："有德者必有言，有言者不必有德。仁者必有勇，勇者不必有仁。"

本章包含两种情况，且文中已经讲得非常清楚了。前者 p 能够推出后者 q，后者 q 不能推出前者 p。一是 p 为"有德者"，q 为"有言"；二是 p 为"仁者"，q 为"有勇"。有德行的人一定能说出有价值的话，说出有价值的话的人却不一定有德行。仁人一定勇敢，但勇敢的人不一定仁。

15.33 子曰："知及之，仁不能守之；虽得之，必失之。知及之，仁能守之。不庄以莅之，则民不敬。知及之，仁能守之，庄以莅之，动之不以礼，未善也。"

本章的论证呈梯度性，由"得失"而"敬"而"善"层层递进。每一层前者 p 都能推出后者 q 来，但后者不一定能推出前者。由"知及之，仁不能守之"可以推出"虽得之，必失之"，反之却不行。由"知及之，仁能守之。不庄以莅之"可以推出"则民不敬"，反之却不行。由"知及之，仁能守之，庄以莅之，动之不以礼"可以推出"未善也"，反之却不行。

三、由 p 不可以推出 q，由 q 可以推出 p，则 p 是 q 的必要不充分条件。

4.25 子曰："德不孤，必有邻。"

本章条件"德不孤"（有道德的人不会孤单）不能推出结论"必有邻"（一定会有志同道合的人来和他做伙伴）。相反，这里的结论"必有邻"在一定程度上能够推出条件"德不孤"，当然并不能完全推出。因此本章只能勉强算作必要不充分条件。

14.6 子曰："君子而不仁者有矣夫，未有小人而仁者也。"

君子不一定是仁者，但仁者一定是君子；小人一定不是仁者，同样仁者也一定不是小人。

君子 p 不能推出仁者 q，但是仁者 q 能推出君子 p，因此"君子而不仁者有矣夫"为必要不充分条件；小人 p 能推出一定不是仁者 q，而且仁者 p 也能推出一定不是小人 q，因此"未有小人而仁者也"一句为充要条件。

四、由 p 不可以推出 q，由 q 不可以推出 p，则 p 是 q 的既不充分也不必要条件。

4.19 子曰："父母在，不远游，游必有方。"

本章 p 为"父母在，不远游"，这是前提；q 为"游必有方"，这是结论。很显然"父母在，不远游"不能推出"游必有方"，同样后者亦不能推出前者。

19.17 曾子曰："吾闻诸夫子：人未有自致者也，必也亲丧乎！"

本章既不能由"人未有自致者也"（p）推出"必也亲丧乎"（q），也不能由"必也亲丧乎"推出"人未有自致者也"。具体来讲，人不会轻易完全地表露真实情感，并不能推出"人在父母亡故的时候会表露真实情感"，后者实为前者的特例，亦不能推出非 p（人会轻易完全地表露真实情感）。

掌握"充要条件"相关知识，对阅读中训练分析、推论、评价有很大的帮助，这里无非是借《论语》相关篇章，加强对这一知识的认识和理解。

48　写作原理

写作就是将大脑中的编码进行翻译。编码，即生产信息；翻译，即输出信息。而大脑编码的机制，则是"因""果"显隐结构，结构过程也即人类思维外显的过程。

因果隐性结构在文本中看不出因果关系，需要借助文本的内容结构方可探究。因果显性结构在文本中能看到因果关系，借助文本的形式结构便可探究。《论语》中的部分篇章都属显性因果结构。

笔者所说的"果"即文本中的论点、观点或结论，"因"即文本中证明观点或推出结论的依据，相当于议论文中讲的论据。

3.22 子曰："管仲之器小哉！"或曰："管仲俭乎？"曰："管氏有三归，官事不摄，焉得俭？""然则管仲知礼乎？"曰："邦君树塞门，管氏亦树塞门。邦君为两君之好，有反坫，管氏亦有反坫。管氏而知礼，孰不知礼？"

本章"因""果"结构如下：

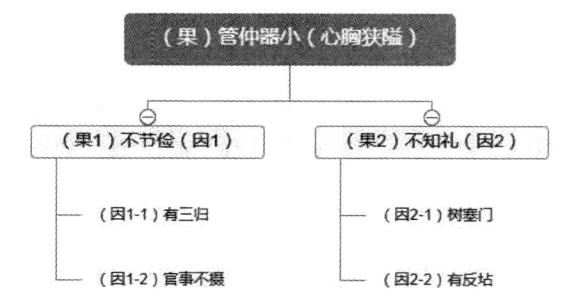

```
              （果）管仲器小（心胸狭隘）
                    │
        ┌───────────┴───────────┐
   （果1）不节俭（因1）      （果2）不知礼（因2）
        │                       │
        ├─（因1-1）有三归        ├─（因2-1）树塞门
        │                       │
        └─（因1-2）官事不摄      └─（因2-2）有反坫
```

因为有三归（因1—1）、官事不摄（因1—2），所以管仲不节俭（果1）；因为树塞门（因2—1）、有反坫（因2—2），所以管仲不知礼（果2）。上面（果1）（果2）同时又作为（因1）（因2），推出管仲器小（果）。可见孔子讲话非常注重依据，这叫言之有据。

写作的最终指向就是表达意图，文本某种程度上就是个大因子，意图（果）就在文本当中。所以说写作就是为了某个表达意图不断提供原因（依据），无论议论文、说明文、散文还是小说，原理都是一样的。

写好作文，《论语》给我们提供了很好的案例。

5.24 子曰："孰谓微生高直？或乞醯焉，乞诸其邻而与之。"

（果）微生高不直。（因）或乞醯焉，乞诸其邻而与之。

谁说微生高人直爽？有人向他讨点醋，他不说自己没有，却到邻人那里转讨一点给别人。

6.12 冉求曰："非不说子之道，力不足也。"子曰："力不足者，中道而废。今女画。"

（果）冉求讲的不是事实（力不足）。（因）力不足者，中道而废。

为什么说冉求并非力不足（力量不够）呢？因为力不足者，只会半道停下，而冉求却是原地不动。

7.31 陈司败问昭公知礼乎，孔子曰："知礼。"孔子退，揖巫马期而进之，曰："吾闻君子不党，君子亦党乎？君取于吴，为同姓，谓之吴孟子。君而知礼，孰不知礼？"巫马期以告。子曰："丘也幸，苟有过，人必知之。"

（果）昭公不知礼。

（因）昭公娶了位吴国夫人，因为吴和鲁是同姓国家，于是只好叫她做吴孟子。

本章是就局部而论。为什么说昭公不知礼呢？因为他娶了同姓女子。可见要想表达某个意图（果）其实不难，只需提供相应的证据（因）就可以了。

8.7 曾子曰："士不可以不弘毅，任重而道远。仁以为己任，不亦重乎？死而后已，不亦远乎？"

本章"因""果"结构如下：

```
        （果）士不可不弘毅
         ┌──────┴──────┐
   （果1）任重（因1）  （果2）道远（因2）
         │                │
    （因1-1）仁以为己任  （因2-1）死而后已
```

因为仁以为己任，所以任重；因为死而后已，所以道远。而又因为任重道远，所以士不可不弘毅。

写作和讲话一样，长篇大论无非是短篇讲话的放大，其内部结构都是一样的，遵循着同样的原理。

9.6 太宰问于子贡曰："夫子圣者与？何其多能也？"子贡曰："固天纵之将圣，又多能也。"子闻之，曰："太宰知我乎！吾少也贱，故多能鄙事。君子多乎哉？不多也。"

本章太宰和子贡之间构成的对话因果关系，同太宰和孔子之间构成的对话因果关系应做分别研究。

太宰和子贡的对话结构如下：

（果）夫子是圣人，夫子多能。

（因）天让夫子成为圣人，天让夫子多能。

太宰和孔子的对话结构如下：

（果）夫子并非圣者。

（因1）少贱故多能鄙事。（因2）君子不多能鄙事。

子贡和孔子提供的"因"不同，所以得出的"果"也就不同。两种不同的回答同时出现在同一章，其意脉依然不乱，既凸显子贡维护老师，又突出孔子真诚而清醒。

9.14 子欲居九夷。或曰："陋，如之何？"子曰："君子居之，何陋之有？"

（果）九夷不陋。（因）君子居之。

9.31 "唐棣之华，偏其反而。岂不尔思？室是远而。"子曰："未之思也，夫何远之有？"

（果）想你但是太远，这种说法站不住脚。

（因）不是真的想念，真的想念，有什么远呢？

11.12 季路问事鬼神。子曰："未能事人，焉能事鬼？"曰："敢问死。"曰："未知生，焉知死？"

（果1）不能事鬼。（因1）未能事人。

（果2）未能知死。（因2）未能知生。

12.19 季康子问政于孔子曰："如杀无道，以就有道何如？"孔子对曰：

"子为政,焉用杀?子欲善而民善矣。君子之德风,小人之德草。草上之风,必偃。"

(果)搞政治不需要杀人这种法子,只需有心为善就行了。

(因)你若有心为善,百姓自会从善如流(这又因为"君子之德风,小人之德草。草上之风,必偃")。

13.14 冉子退朝。子曰:"何晏也?"对曰:"有政。"子曰:"其事也。如有政,虽不吾以,吾其与闻之。"

(果)冉有说假话(因为有政务,所以回来晚了)。

(因)真要是有政务,孔子一定会知道(如有政,虽不吾以,吾其与闻之)。

13.17 子夏为莒父宰,问政。子曰:"无欲速,无见小利。欲速,则不达;见小利,则大事不成。"

(果1)无欲速。(因1)欲速,则不达。

(果1)无见小利。(因2)见小利,则大事不成。

17.15 子曰:"鄙夫可与事君也与哉?其未得之也,患(不)得之。既得之,患失之。苟患失之,无所不至矣。"

(果)鄙夫不可与事君。

(因1)其未得之也,患(不)得之;(因2)既得之,患失之;(因3)患失之,无所不至。

不能与鄙夫一起侍奉君上,因为当他没得到职位时,生怕得不到,得到了,又怕失去。因为怕失去,会无所不用其极。

学习本专题,并不是要将《论语》中的这些篇章重新学习一遍,而是学会从中提炼出其中的因果结构,以为自己从事写作习得方法。这种方法简而言之,首先确定表达意图,即到底传达什么信息或思想,然后提供一个或多个原因,用以说明或证明该意图。

49　言外之意

言外之意，对讲话者来说，即言在此而意在彼。阅读的时候，通常需要结合相关背景材料以及当时语境，甚至重构阅读现场，方能读出讲话者的真实意图。

3.13 王孙贾问曰："与其媚于奥，宁媚于灶，何谓也？"子曰："不然；获罪于天，无所祷也。"

奥神和灶神都是神，二者具体有何区别并不重要。表面上看，王孙贾是在向孔子请教"与其媚于奥，宁媚于灶"究竟何意，实则暗示孔子与其巴结甲，还不如巴结乙。孔子一心推行仁政，希望在政治上有所作为，要有所作为就得先做官。孔子到了卫国，希望通过卫灵公的夫人南子走上政治舞台，进而推行仁政，但显然未能成功。这一切王孙贾想必是看得清清楚楚的，因此才有这番暗示，意思是说：你与其巴结南子，不如巴结我老王。

5.7 子曰："道不行，乘桴浮于海。从我者，其由与？"子路闻之喜。子曰："由也好勇过我，无所取材。"

本章"道不行，乘桴浮于海"以及"由也好勇过我，无所取材"两句，均非字面意思那么简单。前句乃是孔子讲的丧气话，后句乃是自我安慰，给自己找个借口。

6.6 子谓仲弓，曰："犁牛之子骍且角；虽欲勿用，山川其舍诸？"

这里孔子对冉雍说："杂色牛下的崽子毛色纯赤且两角整齐，即便不想用它充当祭品，难道山川之神会舍弃它吗？"单就字面意思看，这番话就讲得蛮有道理。但孔子的本意远不止此，要知道这话是对冉雍讲的。冉雍在冉家兄弟中排行老二（老大冉耕、老三冉有），三兄弟都很优秀，都在孔门"四科十哲"中。孔子尤其看好冉雍，认为"雍也可使南面"，意思是说冉雍完全有资格有能力君临天下。但是我们不要忘了，冉家三兄弟的出身并不太好，地位卑微，终身贫困，后来老大冉耕身患恶疾无钱医治而死。单从出身论，冉雍不就和那杂色牛下的崽子一样吗？孔子的意思是说，英雄不问出处，只要足够优秀，迟早会有用武之地。

7.11 子谓颜渊曰："用之则行，舍之则藏，惟我与尔有是夫！"子路曰："子行三军，则谁与？"子曰："暴虎冯河，死而无悔者，吾不与也。必也临事而惧，好谋而成者也。"

孔子虽未直接回答子路的问话，实则表明了自己的态度，也非常巧妙地表达了自己的意思。子路耿直、冲动、胆大、有勇、少谋，就像那赤手空拳和老虎干、光脚过河的人一样。孔子说自己不会和这样的人一同作战，他要找的人，需要有敬畏之心、善于谋划而能成事。很显然，孔子希望子路成为这一种人。

7.15 冉有曰："夫子为卫君乎？"子贡曰："诺；吾将问之。"入，曰："伯夷、叔齐何人也？"曰："古之贤人也。"曰："怨乎？"曰："求仁而得仁，又何怨？"出，曰："夫子不为也。"

子贡正是读出了孔子的言外之意，才会得出"夫子不为"这一结论。伯夷、叔齐两兄弟在孔子眼里乃是贤人，而贤人仅次于圣人，他们一心求仁而最终得到了仁。孔子也是一心求仁，自然不会辅佐13.3"名不正，则言不顺"的卫君了。本章提到的卫君是指卫庄公（卫出公）。卫灵公死后，本应由儿子蒯聩继位，但是蒯聩当年因为密谋刺杀美人南子失败而流亡他国，因此由尚未成年的孙子辄继位。后来，辄又被他的父亲蒯聩赶到齐国，自己继承了儿子的王位，也就是卫后庄公。孔子向来维护正统，注重礼仪，讲究正名，卫国国君父子之间不讲亲情，可谓不仁不义，孔子自然不会辅佐了。

9.13 子贡曰："有美玉于斯，韫椟而藏诸？求善贾而沽诸？"子曰："沽之哉！沽之哉！我待贾者也。"

子贡问孔子："这里有一块美玉，我是把它放在匣子里藏起来呢？还是寻个好价钱卖掉呢？"孔子一听，立马就说："赶紧卖了！赶紧卖了！"可见针对用舍行藏，孔子是希望自己被用的。子贡很可能也只是借美玉来探知孔子的真实内心，但真诚的孔子从来就不会刻意掩饰自己，立马表明自己希望得到重用。

9.18 子曰："吾未见好德如好色者也。"

我在专题"综合运用"中讲到过，本章具有多重内涵：1. 就字面意思来讲，孔子是说他没有见到过像好色那样好德的人；2. 就当时讲话的语境来讲，孔子是说卫灵公的眼中只有美人南子而没有自己；3. 联系《论语》一书的上下文来讲，孔子希望世人像好色那样持之以恒地好德；4. 根据"读其文而识其人"来讲，孔子始终心忧天下、关心社会，致力于恢复礼乐传统。

7.35 子疾病，子路请祷。子曰："有诸？"子路对曰："有之；《诔》曰：'祷尔于上下神祇。'"子曰："丘之祷久矣。"

孔子是无神论者（非有神论者）。孔子强调祈祷、祭祀，看重的是礼，而非真的相信有一个神存在。这里孔子是说子路做无用功，纯属是在骗鬼！

10.27 色斯举矣，翔而后集。曰："山梁雌雉，时哉时哉！"子路共之，三嗅而作。

本章重点关注"山梁雌雉，时哉时哉"一句，尤其"时"字。孔子由山涧桥梁上的母野鸡懂得把握时机（不会被人抓住），联想到人也应当审时度势。

言外之意多出现在那些主观表述中；客观表述往往没有言外之意。《论语》中很多话都有言外之意，阅读时切忌草草了事。